禪者的初心

Shunryu Suzuki

鈴木俊隆——著

梁永安——譯

暢銷全球
五十週年紀念版

Zen Mind, Beginner's Mind

本書作者鈴木俊隆的書法──初心

第三部　用心理解

序　他就在我們之中

　　兩位鈴木禪師。半世紀以前，鈴木大拙隻手將禪帶到了西方，這個移植的歷史重要性，被認為可媲美亞里斯多德和柏拉圖，他們兩人的作品分別在十三和十五世紀被翻譯成拉丁文。五十年後，鈴木俊隆做出了幾乎不遑多讓的貢獻。在他唯一留下的這本書中，那些對「禪」感興趣的美國人所找到的，正好是他們所需要的最佳補充。

　　鈴木大拙的禪是風風火火的，反觀鈴木俊隆的禪則顯得平實無奇。「開悟」是鈴木大拙禪道的核心，而他的作品之所以引人入勝，這個眩目的觀念居功不少。但在鈴木俊隆的這本書裡，「開悟」或是其近義詞「見性」卻從沒出現過。

　　鈴木俊隆禪師入寂前四個月，我找到個機會問他：「這本書為什麼沒有談到開悟？」禪師還未開口，他太太就湊過來，調皮地輕聲說：「因為他還沒開悟嘛！」禪師裝出一臉驚恐的樣子，用扇子拍拍太太，豎起一根手指在嘴邊說：「噓，千萬別說出去！」大家都笑翻了。等到笑聲沉寂下來，禪師說出了真正的原因：「開悟不是不重要，只是它並非禪需要強調的部分。」

　　鈴木禪師在美國弘法僅僅十二年（十二年在東亞是一個週期），然而成果豐碩。經過這位文靜且個子小小的人的努力，一個曹洞宗①的組織如今在美國已然欣欣向榮。他的人與曹

洞宗的禪道水乳交融,是這種禪道活生生的表現。正如瑪莉·法爾拉斯(Mary Farlas) 所說:

他的無我態度極為徹底,不留下任何我們可以渲染的奇言怪行。而儘管他沒有留下任何世俗意義下的豐功偉績,但他的腳印卻帶領著看不見的世界歷史向前邁進。

禪師遺下的功蹟包括了美國塔撒加拉山 (Tassajara Moutain) 的禪山禪修中心(Zen Mountain Center,西方第一家曹洞宗禪寺)以及舊金山的禪修中心;而對一般大眾而言,他留下的,則是這本書。

不抱任何僥倖心理,他早就為弟子們做好心理建設,讓他們可以面對最艱難的時刻──也就是目睹他的形體從這世界消失、歸於虛空的那個時刻:

我臨終時若受著痛苦,那不打緊,不要在意;那就是受苦的佛陀。你們可別因此產生混淆。或許每個人都要為肉體的痛苦與精神的痛苦而努力掙扎,但那並不打緊,那不是什麼問題。我們應該深深感激自己擁有的是一個有限的身體⋯⋯像是我的身體、你的身體。要是我們擁有無限的生命,那才是真正的大問題。

他也事先安排好傳法事宜。在一九七一年十一月二十一日舉行的「山座儀式」（Mountain Seat ceremony）上，他立理查·貝克（Richard Baker）為其法嗣。當時，他的癌症已惡化到必須由兒子攙扶才能行走的地步。然而，每走一步，他的禪杖都叩地有聲，透露出這個人雖然外表溫文，內心卻有著鋼鐵般的禪意志。理查接過袈裟時，以一首詩作為答禮：

這炷香
我執持良久
現在要以「無手」
奉給我的師父、我的朋友
也是這座寺院的創立者
鈴木俊隆大師
你有過的貢獻，無可衡量

與你走在佛陀的微雨中
我們衣袍濕透
但蓮花瓣上
卻無滴雨停駐

兩星期後，禪師入寂了。在十二月四日舉行的喪禮上，貝克禪師向出席者朗誦了以下的讚辭：

當師父或弟子都是不容易的事，儘管那必然是此生中的至樂。在一片沒有佛教的土地弘法也不容易，但他卻度化了許多弟子、僧眾、俗眾，讓他們走在佛道上，為全國數以千計的人帶來了生命的改變。要開創和維持一座禪寺很不容易，何況還加上一個市區的禪修團體、加州以及美國其他地區的許多禪修中心。

但這些「不容易」的事、這些非凡的成就在他手裡卻是舉重若輕，因為他倚仗的是自己的真實本性，也就是我們的真實本性。他留下的遺澤不亞於任何人，而且無一不是要緊的：佛的心、佛的修行、佛的教誨與人生。他就在這裡，就在我們每一個人之中，只要我們想他。

休士頓‧史密斯（Huston Smith）

麻省理工學院哲學系教授

注釋：

①曹洞宗：為洞山良价禪師（見第一部之〈我呼吸，所以我存在〉注①）及其學生曹山本寂 (840～901) 所創。前者提出「五位」的方便法門，後者加以弘揚，便成曹洞宗，又稱為「曹洞禪」。

出版緣起　一個完全自由的人

　　對鈴木禪師的弟子而言，這本書就是鈴木禪師的心——但不是他的一般心或是人格心，而是他的禪心。這心是他師父玉潤祖溫大和尚的心，是道元禪師①的心，也是自佛陀以降全部真實或虛構的祖師、和尚，以及居士的心。它也是佛陀本人的心，是禪修的心。

　　但是，對大部分讀者而言，這本書則是一位禪師如何講禪和教禪的榜樣。這是一部指導人們如何修行的書，其中也說明了何謂禪生活，以及禪修是以何種態度和了解為前提等等。它鼓勵讀者去實現自己的真實本性、自己的禪心。

何謂「禪心」？

　　禪心是禪門老師常用的謎樣字眼之一，他們用這字眼來提醒弟子們跳出文字障礙，刺激弟子對自己的心和自身的存在產生驚奇。這也是所有禪訓練的目的——讓你產生驚奇，迫使你用你本性最深邃的表現來回答此一驚奇。

　　這本書（編按：指英文版）封面上的毛筆字寫的是「如來」二字。如來是佛陀的十種名號之一，意思是說，「他已完成佛道，從真如②而來，就是真如、如實、實相、空性，完全的悟道者。」真如（或說是「空性」）乃是一個佛可以示現的

基本憑藉。真如就是禪心。當鈴木禪師用筆尖已磨損、分叉的毛筆寫下這兩個字時，他說：「我要用它來表現『如來』是整個世界的身體。」

何謂「初心」？

禪修的心應該始終是一顆初心（初學者的心）。那個質樸無知的第一探問（「我是誰？」）有必要貫徹整個禪修的歷程。初學者的心是空空如也的，不像老手的心那樣飽受各種習性的羈絆。他們隨時準備好去接受、去懷疑、去對所有的可能性敞開，只有這樣的心能如實看待萬物的本然面貌，一步接著一步前進，然後在一閃念中證悟到萬物的原初本性。

這種禪心的修行全書遍處可見。這本書的每一章節都直接或間接地碰觸到這個問題——如何才能在修行生活和日常生活中保持初心？這是一種古老的教學法，利用的中介是最簡單的語言和日常生活的情境。它的精神是，學禪的人應該自己教育自己。

初心是道元禪師愛用的詞語。書頁上隨處可見的兩個毛筆字：「初心」，也是出自鈴木禪師的手筆。書法的禪道注重坦率簡樸，較不在意技巧或美觀，寫書法時應該像個初學者那樣，全神貫注去寫，儼如是第一次發現你所要寫的東西那般，如此一來，你的全部性情就會表現在書法裡。禪修之道

也是如此。

將聲音變成文字

　　將這本書出版的構想源自瑪麗安・德比 (Marian Derby)，她是鈴木禪師的入室弟子，也是洛斯拉圖斯 (Los Altos) 禪修團的負責人。鈴木禪師固定一或兩星期參加該團的坐禪一次。禪師坐禪後會講講話，為學員們加油打氣，幫忙解決他們的各種疑難雜症，瑪麗安就把這些對話錄了起來。

　　不久之後，她就意識到這些對話具有連貫性和系統性，值得整理成書，也可藉此為禪師非凡的精神和教誨留下一個彌足珍貴的記錄。於是，瑪麗安花了幾年時間，把錄音帶的內容整理出來，也就成為本書的第一份初稿。

　　接著，負責把這份初稿加工的人是鈴木禪師另一位入室弟子——楚蒂・狄克遜 (Trudy Dixon)。她的編輯經驗很豐富，一直以來都負責禪修中心刊物《風鈴》(Wind Bell) 的編務。她要把初稿整理和組織成為可以出版的形式。但要編這樣的一本書並不容易，我們在這裡把這些「不容易」的理由一一說明，有助於讀者對這本書能有更好的理解。

　　鈴木禪師談佛法時，採取的是最困難但也最有說服力的方式——從人們的日常生活情境切入。他還試圖以一些極簡單的語句（例如「喝茶去吧！」）來傳達佛教的整個精神。因

此，編輯必須十分警覺，才不會為求文字的清晰或文法的通順而犧牲掉這些別具深意的語句。

另外，如果不是對禪師很熟悉或是曾與他共事過的人，也很容易誤刪掉一些可以表現禪師人格、精力或意志的背景性說明。再來還有重複的部分、一些看似晦澀的語句以及所引用的詩句，編輯一不小心，就會把這些能加深讀者印象的成分給刪掉。事實上，讀者若能仔細閱讀那些看似晦澀或多餘的語句，反而會發現它們其實充滿了啟發性。

語言的轉換充滿挑戰

讓編輯在整理稿件的工作上更為困難的是，英語的基本假設完全是二元性的，不像日語歷經了幾百年，而發展出一套可以表現佛教非二元性觀念的語彙。鈴木禪師講話的時候，時而使用日文的思考方式，時而使用英文的思考方式，兩種文化的語彙交替運用，隨心所欲。在他的禪語之中，這兩種語言帶著詩意和哲學氣息而融合在一起了。

然而在轉寫的過程中，停頓、節奏和語氣的強調，這種種可帶給他的話語更深意涵和整合性的語言手段，卻都很容易流失。為此，楚蒂花了好幾個月的時間去跟禪師討論，以求盡可能保留一些原來的用字和味道，與此同時又兼顧到英文書稿的可讀性。

楚蒂依重點的不同而把本書畫分為三部分：「身與心的修行」、「在修行的道路上」，以及「用心理解」。這樣的區分，分別大致對應於身體、感覺與心靈的部分。她還為每一章節的談話選擇一個標題，並附以一兩句引言（通常都是引自該節的講話內容）。楚蒂的選擇多少有點武斷，但她這樣做，卻可以在標題、引言和談話內容間製造出一種張力，鞭策讀者更深入地思索話語的內容。

書中的談話唯一不是在「洛斯拉圖斯禪修團」發表的，是〈後記〉的部分，這部分是禪修中心搬入舊金山現址時，禪師兩次講話內容的濃縮版。

用生命編輯此書

結束這本書的編輯工作沒多久，楚蒂就死於癌症，當時她年僅三十，留下了丈夫麥克和兩個小孩（安妮和威爾）。麥克是位畫家，本書第六十頁（編按：指英文版）的蒼蠅就是他畫的。麥克學禪多年，當他應邀為本書畫些什麼時，他說：「我畫不出一幅禪畫。除了這幅畫以外，我想不出能畫點什麼。我更絕對畫不出蒲團或蓮花或諸如此類的圖畫，但我卻想到『蒼蠅』這個點子。」

在麥克的畫作上，常可見到一隻現實主義筆觸的蒼蠅。鈴木禪師對青蛙一向讚譽有加，因為青蛙坐著的時候，安靜得

好像睡著了一樣，但牠實際上充滿了警覺性，不讓任何一隻從牠面前飛過的昆蟲跑掉。說不定麥克的「蒼蠅」就是在等待這隻「青蛙」。

在編排《禪者的初心》這本書的整個過程，楚蒂全程與我共事，她要求我把最後的整理工作完成，並負責安排及監督印刷和出版事宜。我考慮過幾家出版商，最後選定「魏特山」(Weatherhill)出版公司，它的設計、排版完全符合這本書應有的樣子。稿子付梓前曾經過水野弘元教授過目，他是駒澤大學佛教學部部長，同時也是印度佛教的知名學者。他慨然幫助我們把一些梵文和日文的佛教術語給翻譯出來。

禪師的弘法人生

鈴木禪師只會偶一在講話中談起他的過去，以下是我盡己所能，為他的生平組織起來的一份個人簡介。他是玉潤祖溫大和尚的弟子，但另外還有一些師父，最著名的一位就是岸澤惟安禪師。岸澤禪師是道元佛學思想的研究權威，一向強調學佛者對道元思想、禪公案（特別是《碧巖錄》③），以及佛經，均應有深入仔細的理解。

鈴木禪師從十二歲那年，即開始跟著父親的一名弟子（也就是玉潤祖溫禪師），展開了禪修的學徒生涯。與師父一起生活若干年後，他先後在駒澤佛教大學和曹洞宗的兩個專修道

場（永平寺和總持寺）繼續進行修行和研究。他也在一位臨濟宗④禪師座下短期學習過一段時間。

玉潤禪師在鈴木禪師三十歲那年入寂。因此，鈴木禪師儘管年輕，仍必須同時照管兩座寺院，一座是師父的林宗院，另一座是父親的禪寺（他的父親在玉潤禪師入寂後不久也逝世了）。林宗院是一座小禪寺，也是為數約兩百座小寺的總寺。鈴木禪師擔任林宗院住持任內，其中一個主要任務就是要遵照師父遺願，依傳統方式將林宗院加以改建。

在一九三〇和四〇年代，禪師在林宗院帶領一些討論小組，對日本政府的軍國主義作風和行動提出質疑，這在當時相當罕見。大戰前夕，禪師就有到美國弘法的念頭，當時因為師父堅不應允，他就只好放棄。但在一九五六年和五八年，一位朋友（日本曹洞宗的領導人）兩次力邀他到舊金山，帶領一個當地的日本曹洞宗團體。力邀第三次時，鈴木禪師終於答應前往。

將禪帶到西方世界

一九五九年時，五十五歲的鈴木禪師來到了美國。經過好幾次的延後歸程，最後，他決定留在美國弘法。禪師會留下來是因為他發現，美國人都懷有一顆「初心」，對禪很少有既定的成見，相當願意對禪敞開，相信禪能為他們的人生帶來

幫助。此外，禪師也發現，美國人問問題的方式可以為禪注入新的生命。

在禪師抵達美國不久，就有好些人圍聚在他身邊，請求跟從他學禪。禪師的回答是：「我每天大清早都會坐禪，如果你們有興趣，不妨來與我同坐。」自此，追隨鈴木禪師的人與日俱增，至今在加州已有六個據點。

當時他最常待的地方是舊金山市佩奇街 (Page Street) 三百號的禪修中心（共有六十名弟子住在那裡，固定來坐禪的人數就更多了），以及位於卡梅爾谷(Carmel Valley)上方的塔撒加拉泉 (Tassajara Springs) 的禪山禪修中心。後者是美國的第一座禪寺，固定會有為數大約六十名的學員，從事為期三個月或更長時間的修行。

師徒之間

楚蒂認為，如果能讓讀者明白弟子們對鈴木禪師有何感受，將比任何事情都更能幫助讀者理解禪師在這本書裡的談話。這位師父所給予弟子們的，名副其實就是這些談話內容的一個活生生的例證——證明他所倡導的那些看似不可能實現的目標，真的可以在這一生中體現。

各位若修行得愈深，就愈能明瞭師父的心，並且終究會明白，自己的心和師父的心都是佛心。各位還將會明白，坐禪

乃是各位真實本性最完美的表現。以下是楚蒂對禪師的兩段讚辭，很能說明禪師與徒弟之間的關係：

　　一位禪師就是實現了完全自由的人，而這種完全自由是所有人類的潛能。他無拘無束地生活在他整個存在的豐盈裡。他的意識之流不是我們一般自我中心意識那種固定的重複模式，而是會依實際的當下環境自然地生發出來。結果就是，他的人格表現出各種不凡的素質：輕快、活力充沛、坦率、簡樸、謙卑、真誠、喜氣洋洋、無比善悟與深不可測的慈悲。他的整個人見證了何謂「活在當下」的真實之中。

　　但到頭來，讓眾弟子感到困惑、入迷和被深化的，並不是老師的不平凡，而是他的無比平凡。因為他只是他自己，所以得以成為眾弟子的一面鏡子。與他在一起時，我們意識到了自己的優點和缺點，但與此同時又不會感受到他有一絲讚美或責難。在他面前，我們看到了自己的本來面目，也看到了他的各種不平凡只是我們自己的真實本性。當我們學會把本性釋放出來，師徒之間的界線就會消失，消失在佛心展開而成的一道存在與歡愉的深流裡。

理查・貝克（Richard Baker）

京都，1970

（編按：本文中所提的內容編排構想與呈現方式，與中譯本略有出入。）

注釋：

①道元 (Dogen，1200～1253)：日本曹洞宗初祖，是日本佛教史上最富哲理的思想家。初習天台教義，後歸禪宗。到中國參訪名寺後，返國大揚曹洞禪，提倡「只管打坐」法門，後人稱其禪風為「默照禪」，著有《正法眼藏》。

②真如：佛教上指現象的本質或真實性，又稱為「法性」、「實相」。

③《碧巖錄》：共十卷，由宋朝圜悟禪師 (1063～1135) 編著，世稱禪門第一書。禪門的鍛鍊頗重視公案的學習，《碧巖錄》便是其中代表作品之一。

④臨濟宗：禪門五宗之一，強調弟子們必須建立對佛法、解脫以及修行的真正見解，相信自己的本心與佛陀一樣，無須向外尋求解脫成佛，主張修行就在日常生活之中。創立者為臨濟義玄禪師（參見第二部之〈研究佛法，研究自己〉注①）。

前言　初心

對於禪，我們用不著有深入的了解。哪怕你讀過很多禪方面的經典，你也必須用一顆清新的心去讀當中的每一句話。

人們都說禪修很難，但對箇中原因卻多有誤解。禪修之所以困難，不在於要盤腿而坐，也不在於要達到開悟。它之所以困難，是因為我們難以保持心的清淨，以及修行的清淨。自從禪宗在中國建立之後，發展出了很多修行方式，但卻愈來愈不清淨。我這裡不想談中國禪或者是禪宗歷史，我感興趣的只是幫助各位遠離不清淨的修行。

初心，即「初學者的心」

日文裡的「初心」一詞，意思是「初學者的心」。修行的目的就是要始終保持這個初心。假如你只讀過《心經》①一遍，可能會深受感動。但如果你讀過兩遍、三遍、四遍，甚至更多遍呢？說不定你會失去對它最初的感動。同樣的情形也會發生在你的其他修行上。起初有一段時間，你會保持得住初心，但修行兩、三年或更多年之後，你在修行上也許有所精進，但本心的無限意義卻相當容易會失去。

學禪者最需要謹記的就是不要墜入二元思考。我們的「本心」一切本自俱足。它總是豐富而自足，你不應離失本自俱足的心靈狀態，自足的心不同於封閉的心，它是顆空的心，是顆準備好要去接受的心。如果你的心是空的，它就會隨時準備好要去接受，對一切抱持敞開的態度。初學者的心充滿各種的可能性，老手的心卻沒有多少可能性。

分別心會使你受到限制

如果你有太多分別心的思想，就會畫地自限。如果你太苛求或貪婪，你的心就不會豐富和自足。如果你失去自足的本心，就會無戒不犯。當你的心變得苛求，當你汲汲於想要得到什麼，到頭來你就會違反自己誓守過的戒律，包括不妄語、不偷盜、不殺生、不邪婬等等。但要是你能保持本心，戒律就會守好它們自己。

初學者不會有「我已經達到了什麼」的這種念頭，所有自我中心的思想都會對我們廣大的心形成限制。當我們的心很慈悲時，它就是無邊無際的。我們日本曹洞宗初祖道元禪師屢屢強調，我們必須歸復自己無邊的本心，只有這樣，我們才能忠於自己、同情眾生，並且切實修行。

所以，最難的事就是保持各位的初心。對於禪，我們用不著有深入的了解。哪怕你讀過很多禪方面的經典，你也必須

用一顆清新的心去讀當中的每一句話。你不應該說「我知道禪是什麼」或者「我開悟了」。這也是所有藝術真正的祕密所在——永遠當個新手。這是非常、非常要緊的一點。如果你開始禪修的話，你就會開始欣賞你的初心。這正是禪修的祕密所在。

注釋：

① 《心經》：即《佛說摩訶般若波羅蜜多心經》、《般若心經》的簡稱，此經的漢譯本有七種之多，其中唐朝玄奘法師的譯本流通最廣。《心經》所揭示的「空」的思想，為大乘佛法的心要。「摩訶」指巨大、卓越，「般若」意指真實的智慧，「波羅蜜多」是從生死輪迴的苦海至解脫的彼岸。

禪修是我們真性的直接表現。嚴格來說，身為一個人，
除這種修行外，沒有別種修行，除這種生活方式外，沒
有別種生活方式。————————————————

第一部　身與心的修行

1 坐禪的姿勢

當我把左腳放到右邊，同時也把右腳放到左邊，我就不會
知道它們哪一隻是右腳，哪一隻是左腳。兩者同時都可以
是左腳或右腳。

　　現在我想談談坐禪的姿勢。當你採取蓮華坐的坐姿時，右
足是壓在左大腿的下面，左足是壓在右大腿的下面。當這樣
盤腿而坐時，儘管我們有一隻左腳和一隻右腳，但它們卻會
渾然為一。這種姿勢道出了二元的同一性：非二，非一。這
也是佛教最重要的教法：非二，非一。我們的身與心既非
二，也非一。如果你認為身與心是二，那你就錯了；但如果
你認為身與心是一，你同樣是錯的。我們的身與心既是二，
又是一。我們總以為所有事物不是一就是多於一，不是單數
就是複數，但在實際經驗裡，我們的生命不只是複數，它也
是單數。我們每一個人都既獨立而又依賴。

　　若干年後我們都會死。如果我們認為死亡是生命的終結，
那就是個誤解。另一方面，如果我們認為自己不會死，那也
同樣是個誤解。我們既會死，但我們又不會死，這才是正
見。有些人認為，人死的時候只是肉體死去，而心靈或靈魂
會永遠長存，這也不全然是對的，因為心靈與肉體都有其盡

頭；但是，說心靈與肉體會永遠存在卻也是對的。

　　儘管我們有「心靈」和「肉體」這兩個不同的觀念，但它們實際是一體的兩面，這才是正見。所以，我們坐禪時採取盤腿坐姿，為的就是要象徵這個真理。當我把左腳放到右邊，同時也把右腳放到左邊，我就不會知道它們哪一隻是右腳，哪一隻是左腳。兩者同時都可以是左腳或右腳。

坐正、背挺直、手放好

　　坐禪時最需要注意的是保持脊骨挺直。你的兩耳和雙肩都應該成一水平線。肩膀放鬆，後腦勺斜向上，正對天花板。下巴應該收攏，當你的下巴向上抬，你的姿勢就不會有力量。另一個讓你的姿勢獲得力量的方法，是把橫隔膜往下壓向丹田，這可以幫助你維持身體與心靈的平衡。試著保持這種坐姿，起初也許會覺得呼吸不自然，但習慣之後，呼吸就會順暢而綿長。

　　你的兩手應該結成「禪定印」，方法是：手掌朝上，右手手背放在左手掌中，兩手中指的中間指節相觸，兩根拇指上舉，指尖輕輕互觸（就像是中間隔著一張紙）。這樣一來，你的雙手就會構成一個漂亮的鵝蛋形。你應該小心翼翼地保持這個手印，就像是手裡抱著什麼極其珍貴的物品那樣。雙手應該貼住身體，拇指舉在肚臍的位置。兩隻手臂自然下垂，

微微離開身體一點點，就像是它們各自夾著一顆蛋那般。

　　身體不要歪到一邊，也不要向後仰或向前傾。應該坐得直直的，就像是天空要靠你的頭才能撐起來一樣。這種坐姿不只是形式，它是佛教的關鍵所在，是對你的佛性一個完美的表現。如果想要真正地了解佛教，就應該依照此一姿勢來修行。這些形式不是獲得正確心靈狀態的手段，採取這些姿勢本身就是正確的心靈狀態。

　　但我們不需要獲得什麼特別的心靈狀態，當你想要獲得什麼，心就會遊蕩到別的地方，當你沒有想要獲得什麼，你會擁有的，就是此時此地的身體與心靈。一位禪師說過：「遇佛殺佛。」如果你遇到的不是一個在當下的佛，就應把他「殺掉」，如此你才能歸復自己的佛性。

　　做任何事都是我們本性的表現。我們不是為別的事而生存，我們生存是為了自己。這就是佛教的基本教法，由我們遵守的形式表達出來。另外，就像打坐有打坐的坐姿一樣，我們站在禪堂時，也有許多規則必須遵守，但訂定這些規則的目的不是要把每個人弄成一模一樣，而是為了讓每個人可以最自由、最自在地表現他們的自我。

　　例如，我們每一個人都有各自的站姿，而站姿是由身體比例來決定。當你站著的時候，兩個腳跟應該相距一拳寬，兩腳的大拇趾應與兩個乳頭在同一直線上，這就跟坐禪時，應該對丹田施予若干壓力一樣。此外，你的雙手也應該表現出

你的自我。用左手抵住胸，拇指與其他手指結成圈形，右手放在上面。右手拇指向上舉，兩隻前臂與地板平行。這樣，你就會感到自己抱著根圓柱子，不會身體萎頓或歪向一邊。

姿勢正確才能保有自己

最重要的事情是擁有自己的身體。身體一旦萎頓，你就會失去自己，你的心也會遊蕩到別處去，而你也不會在自己的身體之中。這不是正道。我們必須存在於此時、此地！這是關鍵。你必須擁有自己的身體和心靈。萬物都應該以正確的方式存在於正確的地方。這樣，就什麼問題都不會產生。要是我現在使用的這個麥克風是放在別的地方，它就不能發揮功能。當我們能夠把身與心放在恰如其分的地方，那其他一切就會跟著恰如其分。

然而，我們通常都會不自覺地試著改變別的東西，而不是改變我們自己，我們都會試著讓自己以外的東西變得恰如其分，而不是讓我們自己變得恰如其分。但是如果你自己不是恰如其分的話，也就不可能讓任何東西恰如其分。反過來說，要是你能在恰當的時間以恰當的方式做事情，那萬事都會妥妥當當。你是「老闆」耶，老闆打瞌睡時，店裡的每個員工都會跟著打瞌睡。但是，當老闆扮演好自己，那麼每一位員工也會扮演好他們自己。這就是佛教的奧祕。

隨時隨地保持正確姿勢

所以，不只坐禪時應該努力保持正確的姿勢，從事其他任何活動時莫不是如此。開車時應該保持正確姿勢，看書時也應該保持正確姿勢，如果你以懶洋洋的姿勢看書，一定看不久。這是真正的教法，寫在紙上的教法不是真正的教法。白紙黑字的教法是你腦子裡的一種食物，你的腦子當然需要一些食物，但是，透過正確的修行方式讓你成為你自己，那是更為重要的事。

這也是為什麼佛陀無法接受他那時代的各種宗教。他研究過許多宗教，但都不滿意各宗教的修行方式。他無法在苦行或哲學中找到人生的答案。他感興趣的不是某些形而上的存在的物質，而是自己的身與心——存在於當下的身與心。當他找到自己時，他也發現一切眾生皆具有佛性。這就是他的開悟。開悟不是某種舒服快樂的感覺或某種奇特的心靈狀態，當你以正確的姿勢打坐，你的心靈狀態本身就是開悟。

如果你不能滿足於坐禪時的心靈狀態，心思就會左右搖擺。我們不應讓自己的身心搖擺不定或四處遊走。只要用我所說的方式打坐，就不必談論怎樣才是「正確的」心靈狀態，因為你本然就已具有了。這就是佛教的結論。

2 我呼吸，所以我存在

所謂的「我」，只是我們在一呼和一吸之間開闔的兩片活動門而已。

坐禪時，我們的心總是與呼吸緊緊相隨。吸氣時，氣會進入內在世界，呼氣時，氣會排向外在世界。內在世界是無限的，外在世界也同樣是無限的。雖然說這話有「內在世界」和「外在世界」之分，但實際上，世界就只有一個。在這個無限的世界裡，我們的喉嚨就像兩片活動門，氣的進出就像是有人穿過這兩片活動門。

我們說「我在呼吸」，但話中的「我」這個字是多餘的，根本沒有一個「你」可供你說這個「我」字。所謂的「我」，只是我們在一呼和一吸之間開闔的兩片活動門而已。它只是開闔，如此而已。如果你的心夠清淨靜謐，就會察覺到這個開闔裡面什麼都沒有：沒有「我」、沒有世界，也沒有身或心，有的只是兩片活動門。

覺察呼吸就是覺察佛性

所以在坐禪時，唯一存在的只有「呼吸」。但我們應該覺察

著每一個呼和每一個吸，我們不應該心不在焉。要你覺察呼吸並非意謂著要你去覺察「小我」，而是意謂著你應該覺察你的普遍本性，也就是你的「佛性」。這種覺察很重要，因為我們通常都會偏向一邊。我們對人生的一般理解是二元性的：你和我、這跟那、好與壞……等等。

事實上，這些分別性本身都只是對普遍存在的一種覺察。「你」意謂的是以你的形相覺察這個宇宙，「我」意謂的是以我的形相覺察這個宇宙。「你」和「我」不過都是兩片活動門。這種了解是不可少的，甚至，那不應該被稱為「了解」，而應該說，它是透過禪修所獲得的真實體驗。

坐禪時，沒有時間與空間觀念

所以在坐禪時，不應該有時間或空間的觀念。你也許會說：「我們從七點四十五分開始在這房間裡打坐。」這就是有時間的觀念（七點四十五分）和空間的觀念（這房間）。但事實上你在做的，只是坐著和覺察著這個宇宙的活動，就那麼多。在這一刻，活動門朝一個方向打開，下一刻，活動門朝相反方向打開。

一刻接著一刻，我們每個人都是在不停地重複這種活動。其中既沒有時間的觀念，也沒有空間的觀念。時間與空間合而為一。你也許會說：「我今天下午有事情要做。」但實際

上並沒有「今天下午」、「一點鐘」或「兩點鐘」這種東西的存在。你在一點鐘會吃午餐，吃午餐本身就是一點鐘。到時候，你會身處某個地方，但那個地方跟一點鐘是分不開的。對於一個對人生能真正存有感激之心的人來說，這些都是一樣的。

但是，當你厭倦了人生，或許就會說：「我不應該來這地方。到別的地方吃午餐大概要好得多了，這地方的午餐不太好。」這時候，你是在腦子裡創造了一個跟實際時間分離開來的空間觀念。

無時空分離，無善惡對立

也或者你會說：「這件事不對，我不應該做這件事情。」事實上，當你說「我不應該做這件事情」時，你已經做了某件事情，所以你別無選擇。當你把時間與空間的觀念分離開來，你會以為你可以有所選擇，但事實上，你是非做某件事情不可的。「不做」的本身就是一種「做」。

善與惡只是存在於你心裡的東西，所以我們不應該說「這是對的」、「這是錯的」之類的話。與其說「這是錯的」，你應該說的是：「別去做！」當你有「這是錯的」的想法時，就會給自己製造出困惑。所以在清淨宗教的領域上，是沒有時間與空間或是對與錯這樣的困惑。

我們應該做的事情就是，什麼事情來到，就做什麼事情，好好做它！我們應該活在當下。所以坐禪時，應該專注於呼吸，讓自己成為兩片活動門，做我們當下應該做的事，做我們必須做的事，這就是禪修。在這種修行中，是沒有困惑存在的，如果你能確立這樣的生活，就不會有任何的困惑可言。

你我正如青山與白雲

著名的洞山良价禪師①說過：「青山白雲父，白雲青山兒，白雲終日倚，青山總不知。」這是對生命一個透徹的說明。很多事物的關係都是跟青山白雲的關係相似，像是男與女、師父與徒弟，彼此都互相依賴。但白雲不應被青山打擾，青山也不應被白雲打擾，兩者都是相當獨立，但又互相依賴。這是我們應有的生活和修行的方式。

當我們變得真正地忠於自己，我們就會變成兩片活動門，在完全獨立的同時又與萬物相互依賴。沒有空氣，我們就無法呼吸。我們每一個人都是在世界的萬千事物之中，但一剎那接著一剎那，我們又都是身處於這個世界的中心。所以，我們是完全獨立而又完全依賴的。

如果你有這樣的體悟，有這樣的存在，你就會擁有絕對的獨立性，不被任何事所打擾。所以坐禪時，心念應該集中在

呼吸上頭。這種活動是眾生的基本活動。沒有這種體悟，沒有這種修行，人們就不可能達到絕對的自由。

注釋：

①洞山良价禪師 (807〜869)：曹洞宗建立者之一，在徹悟自性（佛性）之後，感到六祖慧能倡導之「頓悟」法門並非凡人所能達到，便揭示「五位」的方便法門，廣接上、中、下不同根器的學人，後得大弟子曹山本寂大力支持與弘揚，發展為萬古流芳的曹洞宗。

3 獲得完全的自由

有一位禪師說過:「向東走一里就是向西走一里。」這是真正的自由,我們每個人都應該追尋這種完全的自由。

要活在佛性之中,就必須讓小我一剎那又一剎那地死去。失去平衡時,我們就會死去,但與此同時我們又會成長茁壯。我們看到的一切都是變動不居的,是正在失去平衡的。任何東西之所以看起來美,就是因為它失去了平衡,但其「背景」卻總呈現完全的和諧。所以如果你只看到萬物的表象,而沒意識到作為它們背景的佛性,就會覺得萬物都在受苦,但如果你明白了這個存在的背景,就會了解受苦本身是我們應有的生活方式,是我們可以擴大生命的方式。所以,我們的禪道有時會正面肯定生命的失衡性或失序性。

看就好了,別去掌控

現今,日本的傳統繪畫都變得流於形式化,而且缺乏生命力,這也正是現代藝術為何會發展起來的原因。古代畫家喜歡在畫面上點上一些雜亂無章卻深具藝術韻味的點,這是相當困難的。因為,即便你想要把那些點安排得毫無秩序可

言，但到頭來你會發現，它們還是有些秩序可言。你以為你駕馭得了它，實際上卻不能——要把一些點安排得毫無秩序可言，那幾乎是不可能的。這個道理也適用於我們的日常生活。

　　儘管你想盡辦法要把某些人置於你的管治之下，但那是不可能的。管理別人最好的方法是鼓勵他們使壞，然後，廣義地來說，他們就會受到你的管治。給你的牛或羊一片寬敞的綠草地是管好牠們的方法，對人也是一樣的道理。首先，讓他們做他們想做的事，你從旁看守他們，這是「上策」。要是對他們置之不理，那是不對的，是「下下策」。「次下策」就是試圖去駕馭他們。「上上策」是看著他們，但只是看著，不存有任何想控制他們的心。

任雜念自由來去

　　同樣的道理也可以用在你自己身上。在坐禪時，如果你想獲得完全的平靜，就不應該被心中出現的各種雜念困擾，應該任它們來、任它們去，然後這些雜念反而會被你所控制。但這個方法並不容易——聽起來是很容易，但事實上需要費點特別的努力。

　　怎麼樣才能達成這種努力呢？這正是禪修的祕密所在。比方說你碰到某些煩心事，要完全靜下心來打坐是不可能的，

如果你拚命壓制心念，你的努力就是不正確的努力。唯一可幫助你的努力就是數息，或是把心念專注在一呼一吸上。我說「專注」，但把心念專注在某件事情上並不是禪的真正本意。禪的本意是如物之所如去觀物的本身，讓一切自來自去。這是最廣義的把一切置於控制之下。

禪修的目的在於打開我們的「小心」，所以專注是為了幫助你體現「大心」，也就是包含萬有的心。如果想在日常生活中發現禪的真義，你就必須要先明白，坐禪時，身體為什麼要保持適當的坐姿，以及心念為什麼要專注在呼吸上。你應該遵循修行的法則，這樣你的修行將會愈來愈精細和謹慎。只有這個方法可以引領你，體驗到禪的無上自由。

從現在走向過去

道元禪師說過：「時間自今而昔。」乍聽之下好像是荒謬的，但在修行時，我們有時又會體驗到這是個事實。時間不但不是從過去前進到現在，反而是從現在走向過去。在中世紀的日本，有個叫「源義經①」的著名武士，他因為國家動亂而被派到北方省分，後來在剿亂時被殺。死後，他的愛妾寫下一首和歌②，其中兩句是：「如君迴轉紡輪，妾盼昔變為今。」她寫這話時，實際上已經把過去幻化成為現在。在她的心裡，過去活了起來，成為了現在。所以道元禪師才會

說「時間自今而昔」，這對我們邏輯性的思考來說是說不通的，但卻又存在於真實體驗之中——這既有詩歌為證，又有我們的人生為證。

當我們體驗到這種真理時，就表示我們已經悟出了時間的真義。時間都是恆常地從過去前進到現在，再從現在前進到未來。這是真的，但時間會從未來來到現在，或是從現在走向過去，這也同樣是真的。有一位禪師說過：「向東走一里就是向西走一里。」這是真正的自由，我們每個人都應該追尋這種完全的自由。

但沒有一些規則規範，就不可能有完全的自由。很多人（尤其是年輕人）以為，所謂的「自由」就是只要我喜歡的事就可以做，禪根本無須講什麼規則。但事實上，對禪修者而言，遵行某些規則是絕對必要的。只要有規則可循，你就擁有獲得自由的機會。對規則不屑一顧的人，可別想要有任何自由可言。我們之所以禪修，正是為了獲得完全的自由。

注釋：

①源義經（1159-1189）：日本鎌倉時代的武士，父死於「平治之亂」，隨母委身仇敵家中。成長後精於兵法、武術，並以武將之姿展露頭角，兄長源賴朝甚為嫉忌。最後，在一連串兄弟反目、政治鬥爭等波折之後，源義經在「衣川合戰」中戰敗而死。

②和歌：一種日本傳統韻文，盛行於平安朝時代。今指某種短歌型態的抒情詩。

4 漣漪就是你的修行

儘管心上會生起漣漪，但心的本性是清淨的，就像是帶有些許漣漪的清水。事實上，水總是帶著漣漪的，漣漪就是水的修行。

坐禪時不要刻意壓抑思考，讓思考自己停止。如果有什麼雜念要進入你的心，就讓它進來吧，它不會待太久的。如果你刻意停止思考，那就代表你受到它的干擾了。不要被任何事物所攪擾。

雜念看似從心的外面進來的，但事實上，雜念只是你的心所產生的漣漪，只要你不為雜念所動，它們就會逐漸平伏下來。五分鐘或頂多十分鐘，你的心就會完全平靜下來。這時候，你的呼吸會變得相當緩慢，但脈搏卻會變得快一些些。

你有「大心」還是「小心」？

修行時想要讓心平靜下來，並不需要花太多時間。很多感覺會生起，很多雜念或思緒會湧現，但它們只是你自己的心的漣漪，沒有任何東西會來自心的外部。我們一般都以為，心是一個接收自外而來的印象或經驗的器物，但這不是對心

的正確理解。正確的理解應該是：「心包含了一切。」當你以為有什麼從外頭進來了，那只是意謂著你的心上浮現什麼。沒有任何在你之外的東西可以引起困擾。你心上的漣漪是你自己製造出來的，如果你讓你的心如如呈現它自身的樣子，它就會變得平靜。這樣的心稱為「大心」。

如果你的心與某種外在的事物產生連結，它就會淪為一顆「小心」，一顆有限的心。如果心不與任何其他事物有所連結，心的活動就不會有二元性，你會把為心的活動理解為只是心的漣漪罷了。大心會體驗到，一切都盡在自己一心之中。

你明白以下兩種心的差別嗎？一種是包含一切的心，一種是與外物連結的心。兩種心事實上只是同樣的東西，但因為你的了解不同而有了差別，連帶使你對生命的態度也因此一了解的不同而產生差異。

用大心來看待生、老、病、死

心包含了一切，這是心的本質。能體驗到這點，就會讓人產生宗教情感。儘管心上會生起漣漪，但心的本性是清淨的，就像是帶有些許漣漪的清水。事實上，水總是帶著漣漪的，漣漪就是水的修行。

談論「沒有漣漪的水」或是「沒有水的漣漪」，兩者都是荒

謬絕倫的。水與漣漪合而為一，大心與小心合而為一。當你能這樣去理解你的心，你就會有安全感。你的心並不希冀任何自外而來的東西，心總是充盈的。一顆帶著漣漪的心並不是一顆充滿紛擾的心，而是一顆擴大了的心，你體驗到的一切就都是大心的表現。

大心要活動，是為了透過各種不同的經驗來擴大自身。在某種意義下，一個又一個發生在我們身上的經驗都是全新的，但另一方面來說，它們也只不過是同一個大心的延續或反覆開展。例如，假若我們早餐吃到什麼好吃的東西，我們就會說：「真好吃！」但這個「好」，事實是與你曾經有過的某些經驗對比來的，哪怕你已經不記得那些曾有的經驗。

懷抱著大心，我們就會接受每一個經驗，一如我們體認到，在每張鏡子裡面看到的那張臉就是我們自己的。我們不用害怕會丟失這顆大心，它不來也不去。擁有這種體認，我們就不會對死亡感到恐懼，不會因為年老和生病而感到痛苦。因為我們把人生各方面都看作是大心的開展而加以品味，所以並不眷戀任何過度的歡樂。就這樣，我們擁有了從容自若，而正是為了擁有這種從容自若，我們才需要坐禪。

5 拔除心中的野草

你應該對心中的野草滿懷感激，因為到頭來，它們將會滋養你的修行。

早上鬧鐘鈴聲響起，你起床了，但感覺並不好。你坐立難安，而且，即使你到禪堂去，盤腿坐下來後，仍然覺得哪裡不對勁。

你會這樣，是因為你的心產生了漣漪。清淨的修行是不應該有任何漣漪的。不過，不用擔心，你只管繼續打坐就好了，因為愈打坐，心的漣漪就會愈細小，而你的努力也會轉變為某些精微的感覺。

該對心中的野草滿懷感激

我們說：「拔出野草，可以為植物帶來滋養。」意思是說，拔出野草，把它埋進植物四周的土壤，就可以成為植物的養分。

所以，哪怕你修行時碰到困難，哪怕你打坐時會感受到心的漣漪，但這些漣漪本身是可以幫助你的，所以你不應該被它們攪擾。

你應該對心中的野草滿懷感激，因為到頭來，它們將會滋養你的修行。如果你體驗過心中的野草是怎樣轉變成心靈養分的話，那麼你的修行就可以突飛猛進。要給我們的修行一些哲學或心理學的解釋並不難，但那是不夠的，我們必須對於野草如何轉變成養分的過程有親身的體驗才可以。

專注呼吸然後放掉呼吸

嚴格來說，在修行時，任何刻意的努力都是不好的，因為這會助長心產生更多的漣漪。另一方面，沒有努力，絕對的寧靜也是不可能達到的。我們必須有所努力，但又必須在這努力的過程中忘掉自我。在這個領域，既沒有主體性也沒有客體性。

我們的心應該只是靜靜的，甚至一無所覺，而在這種一無所覺之中，任何的努力、思想或觀念都會消失。所以，我們應該鼓勵自己努力到最後一刻，直到所有努力都消失無蹤。你應該把心念集中在呼吸上，直到不再意識到自己的呼吸為止。

我們應該把這種努力永遠持續下去，但卻不應該期望可以到達忘記一切努力的境界。我們唯一應該做的，是把心念集中在呼吸上，這就是我們真正的修行方式。

這麼做的話，你的努力就會愈來愈細緻。剛開始時，你所

做的努力是相當粗糙而不清淨的,但透過修行的力量,這種努力會變得愈來愈清淨。當你的努力變得清淨,你的身與心也會變得清淨。

　　這是我們禪修的方式。一旦你明白了你有清淨自己和清淨周遭的本具力量,你就能夠正確而行,能夠從你周遭的一切學習,並對周遭的一切變得友善。這就是禪修的好處。但具體的修行方法應該只管以正確的姿勢打坐,並且專注於呼吸。我們就是這樣禪修的。

6 一錯再錯也是禪

那些輕輕鬆鬆就能把打坐練好的人，通常都要花更多時間才能掌握到禪的真實感和禪的精髓。但那些覺得禪修極為困難的人，卻會在其中找到更多意義。

《雜阿含經》①第三十三卷提到了四種馬：最上等的馬、次等的馬、下等的馬，以及最下等的馬。最上等的馬光是看到鞭影，就知道主人要牠跑得快或跑得慢，要牠跑向左或跑向右。次等的馬跑起來跟最上等的馬一樣好，不同的是，要等到馬鞭接觸到皮膚表面才會知道主人的心思。下等的馬要等到感覺皮肉痛了才會跑，而最下等的馬則非要等到痛入骨髓才會聽話。各位可以想像後面這第四種馬有多難調教。

讀到這段話，我們每一個人幾乎都想要當最上等的馬。如果本身不是這塊料的話，我們也希望至少成為次等的馬。我想，這也是人們對這段話（乃至禪）的宗旨的一般了解。如果你認為禪修是為了讓你能成為上等馬，你就會有大麻煩了，因為這並非對禪的正確理解。

只要你是依照正確的方法修行，那麼你是良駒或劣馬就都不重要。以佛陀的慈悲而言，你認為他對這四種馬會有什麼觀感？比起最上等的那一種，他一定會對最下等的那一種有

著更多的同情。

最劣等的馬最好？

當你下定決心要以佛陀的偉大心靈來禪修時，你就會發現，最下等的馬才是最有價值的。在你自身的不完美中，你會為你堅定的求道之心找到基礎。那些輕輕鬆鬆就能把打坐練好的人，通常都要花更多時間才能掌握到禪的真實感和禪的精髓。但那些覺得禪修極為困難的人，卻會在其中找到更多意義。所以我認為，最上等的馬有時就是最下等的馬，而最下等的馬有時就是最上等的馬。

如果你研究過書法，你就會發現，能成為最優秀的書法家的，都不是特別聰明的人，那些非常聰明的人通常到達某個階段後就會停滯不前。這個道理既適用於藝術也適用於禪。對人生來說，這個道理也是同樣地真實。所以談到禪的時候，我們不能說「他資質很棒」、「他資質很差」這一類的話。

坐禪的姿勢並不是一體適用的，有些人會因為生理結構的因素無法盤腿而坐。不過，就算你不能用正確姿勢坐禪，但只要你興起真實的求道之心，一樣可以做到真切意義的坐禪。事實上，打坐有困難的人要比打坐容易的人，更容易興起真正的求道之心。

專心一意的努力

反省自己日常生活的所作所為，我們常常會感到羞愧。一個弟子寫信告訴我：「你寄了一個日曆給我，我努力要依照每一頁上面的座右銘行事。但一年來幾乎都還沒開始，我就失敗了！」道元禪師說過：「一錯再錯。」在他看來，一錯再錯也可以是禪。一位禪師的生活可以說是包含了很多年的一錯再錯，這意謂著他需要花許多年的時間來從事專心一意的努力。

我們說：「好爸爸不是好爸爸。」你明白這句話的意思嗎？一個以為自己是好爸爸的人就不是好爸爸，一個以為自己是好丈夫的人就不是好丈夫。但認為自己是糟糕的丈夫的人，若能一心一意努力成為好丈夫，他就可能是個好丈夫。

如果你是因為身體的因素造成打坐時會疼痛或不舒服，那不妨用厚一點的蒲團，甚至不妨坐在椅子上，總之，不管怎樣，就是要繼續打坐下去。哪怕你是最下等的下等馬，一樣可以領悟到禪的精髓。

假如你的小孩得了不治之症，你不知道該怎麼辦，你成天坐立不安；平常最舒適的地方就是一張溫暖的床，但現在的你因為心裡痛苦，即使躺在床上也輾轉反側。你踱來踱去，走進走出，卻毫無幫助。

心情沉重？來打坐吧！

當你感到心情沉重，最好的方法就是坐下來打坐，除此之外，沒有其他方法可以安撫你的創痛，沒有其他姿勢可以給予你力量去接受你的煩惱，只有坐禪的姿勢可以幫助你。採取坐禪的姿勢，你的身與心都會獲得巨大的力量，能夠依事物的如如面貌接受它們，而不管它們怡人還是不怡人。

當你感到痛苦時，最好的對策就是打坐。沒有其他方法可以讓你接受和解決你的煩惱。不管你是上等馬或下等馬，不管你的坐姿良好或欠佳，這些都無關宏旨。任何人都可以坐禪，而這是面對問題的方法。

當你坐在你的煩惱中央時，下面哪個要更真實呢？是你的煩惱還是你自己？透過坐禪，你會體悟到這一點。在持之以恆的修行中，經歷過一連串的順境和逆境之後，你將會體現禪的精髓，得到它的真實力量。

注釋：

① 《雜阿含經》：阿含，意譯為法本、教法等。「阿含」即指所傳承之教說，或佛陀教法的聖典。阿含經共分五部，大多是佛陀弟子問法後，佛才開始說法、開示。《雜阿含經》共五十卷一三六二經，彙集短而雜之經而成，所以稱為「雜阿含經」。相當於南傳《相應部》。

7 色即是空，空即是色

當你發現你的修行毫無效果，你反而不會刻意壓抑雜念，而雜念就自然停止了。這時候，你就會進入到「色即是空，空即是色」的階段。

修行時不應該有得失心，不應該抱任何期許，哪怕你期許的是得到開悟也是一樣。但這並不意謂著你打坐時不應該有任何目的。修行不應該有得失心這一點，乃是源自《心經》的教誨。然而，如果你沒有把這部經典讀個仔細，它就會反過來讓你產生得失心。

經上說：「色不異空，空不異色。」但如果你執著於這句話，你就會很容易產生二元思惟：一邊是你和色，一邊是空。這麼想的話，你就會努力想透過自己的形相去體現空。換句話說，「色不異空，空不異色」仍然是一種二元思惟。幸而，《心經》接著又說：「色即是空，空即是色。」這裡就沒有二元論的問題了。

當你打坐時發現雜念叢生，而你又企圖去壓抑雜念時，就是「色不異空，空不異色」的階段。但儘管你是抱著這樣的二元思惟在修行，但久而久之，你卻會與自己的目標渾然為一。這是因為當你發現你的修行毫無效果，你反而不會刻意

壓抑雜念，而雜念就自然停止了。這時候，你就會進入到「色即是空，空即是色」的階段。

停止心念並不意謂著停止心的活動，它的意思是，你的心應該周流到你整個的身體。你的心應緊緊跟隨著呼吸。帶著豐盈的心，你的手結成手印。帶著整個的心去打坐，那麼腿痠就不足以困擾你了。那是一種沒有得失心的打坐。起初，你會覺得坐禪的姿勢對你來說是一種限制，但是當你能不為這種限制困擾時，就會發現「色即是空，空即是色」的真義。所以，在某些限制下找到自己的道路，才是修行的正道。

打坐時打坐，吃飯時吃飯

並不是說你所做的任何事都可以說是「坐禪」。當限制對你來說不再成了限制，那就是修行。有些人說：「既然我們所做的一切都是佛性的顯現，所以不管我做什麼都無妨，坐禪只是多此一舉。」但這正是一種二元性的思惟。如果真的是「做什麼都無妨」，那你連說都沒有必要把它說出來了。你就只是打坐時打坐、吃飯時吃飯，如此而已。

當你說「做什麼都無妨」時，實際上你是在為你做的事情找藉口，為你的「小心」找藉口。它反映出你執著於某種特定的事情或方式。這與我們所說的「只管打坐就夠」或者

「人們做的任何事都是坐禪」是不一樣的。我們做的任何事情當然都是坐禪，但沒有必要說出來。

打坐時，你應該只管打坐，別去理會腿痠和倦意。這就是坐禪。但在一開始，要如事情之所如去接受它們，是極為困難的。你會受到修行時的各種情緒和感受所困擾。當你做任何事（不管好事或壞事）的時候，都能無所罣礙、不受情緒和感受所困擾，那就是真正的「色即是空，空即是色」。

品味生命中的每一分、每一秒

當有人患了癌症之類的惡疾，得知自己只有兩三年好活時，往往會尋找一些精神上的支持。有人會選擇依賴上帝的幫助，有人也許會開始坐禪。如果是選擇坐禪，那麼他修行的目的將會是體悟心的空性。這意謂著，他努力想要從二元思惟帶來的痛苦中超脫出來，這就是修習「色不異空，空不異色」。這樣的修行當然會對他有所幫助，但那還不算是完滿的修行。

知道生命短暫，所以盡情去品味每一天、每一刻，這就是「色即是空，空即是色」的人生。佛來的時候你會歡迎他，魔來的時候你一樣會歡迎他。中國著名的馬祖道一禪師①說過一句名言：「日面佛，月面佛。」有一次，他生了病，有人去看他時，問他：「你還好嗎？」馬祖禪師回答說：「日面

佛，月面佛。」這就是「色即是空，空即是色」的人生。這是不會有煩惱的人生。有一百年可活固然美好，但只有一年可活也同樣美好。只要你持之以恆地修行，就一定能到達這個境界。

修行之初，你會碰到各式各樣的困難，這時你有必要做一些努力來讓修行貫徹下去。對初學者而言，不需要努力的修行並非真正的修行，因為初學者的修行是需要花大力氣的。尤其是對年輕人來說，必須非常刻苦耐勞才能略有所成，你必須竭盡全力。色即是色。你應該忠於自己的感覺，直到你完全忘掉你自己為止。

在到達這個階段之前，要是你以為你做的一切都是禪或者以為修不修行都無妨，那真是大錯特錯。相反地，如果你傾全力去修行而又不帶有得失心，那麼你做的一切就都是真正的修行。做任何事情時，都應該以「把事情做好」當作唯一目的。如此一來，色就會是色，而你就會是你，真正的空性也將會體現在你的修行之中。

注釋：

①馬祖道一禪師：唐朝人，以「平常心是道」、「即心即佛」弘揚禪法，排除二元對立觀念。用棒喝、隱語、動作等方式接引學人，取代看經、坐禪傳統，自成一股自由禪風，留下許多膾炙人口的禪宗公案。以「江西馬祖」聞名於世。

8 叩頭、叩頭，再叩頭

有時候，師父和弟子會一起向佛陀叩頭。有時候，我們也
不妨也向貓和狗叩頭。

坐禪結束時，我們會以頭觸地叩頭九次。我們叩頭，是表
示放下自己，放下自己則意謂著棄絕二元性的思惟。所以，
叩頭和坐禪並沒有分別。通常我們叩頭是為了向某個比我們
更值得尊敬的人致敬，但向佛陀叩頭的時候，我們不應該有
佛陀的想法，因為當你向佛陀叩頭，你就會與佛陀合而為
一，你自己就已經是佛了。當你與佛為一，與萬物為一，你
就會發現存在的真義。當你忘卻一切分別思想，則萬物都會
成為你的師父，都是值得你敬拜的對象。

向貓和狗叩頭？

當一切都存在於你的大心時，所有二元思惟就會脫落。沒
有天地之別，沒有男女之別，也沒有師徒之別。有時候，一
個男的會向一個女的叩頭，一個女的也會向一個男的叩頭。
有時候，弟子會向師父叩頭，師父也會向弟子叩頭。一個不
會向弟子叩頭的師父，他也不會向佛陀叩頭的。有時候，師

父和弟子會一起向佛陀叩頭。有時候，我們也不妨向貓和狗叩頭。

叩頭是嚴肅的修行

在你的大心裡，一切都是具有同等價值的。一切都是佛的自身。不管你看見或聽見了什麼，一切都盡在其中。在修行裡，你應該如一切之所如，接受一切，給予每一樣事物如同對佛陀的敬重。這樣，佛就會向佛叩頭，而你會向你自己叩頭。這是真正的叩頭。

如果你對你的大心沒有堅定信心，你的叩頭就會是二元性的。當你成為你自己，你就是在真切的意義下給自己叩頭，而你與萬物為一。只有在「你是你自己」的情況下，你才能在真切的意義下向萬物叩頭。

叩頭是非常嚴肅的修行，哪怕是人生的最後一刻，你也應該準備好叩頭。當你除了叩頭之外，什麼都做不了的時候，你就應該叩頭。這種信念極有其必要。以這種精神叩頭的話，那麼所有的戒、所有的教法就都會內化成為你的一切，而你也會擁有一切存在於大心之中的東西。

日本茶道的創始人千利休，在一五九一年因為主子豐臣秀吉的命令而切腹自殺。臨死前，千利休說：「當我擁有這把劍時，既沒有佛也沒有祖。」他的意思是，當我們擁有大心

這把劍時，世界就不是二元的。唯一存在的東西只是這種精神。這種冷靜沉著的精神總是呈現在他的茶道裡。他從不以二元性的思惟來做任何事情，他每一刻都為死做好了準備。他在一次又一次的茶道儀式中死去，並且更新自己，這就是茶道的精神。這就是我們如何叩頭。

師父額頭上的硬皮

我師父額頭上有一塊硬皮，那是叩頭叩太多造成的。他知道自己個性冥頑不靈，所以就叩頭、叩頭，再叩頭。他總是在內心聽到他的師父斥責他的聲音。他進入曹洞宗那年是三十歲——對日本僧人來說，這個年紀才出家，算是相當晚。

人愈年輕就愈比較不頑固，愈比較容易除去自我中心思想。因此，他師父都稱他為「遲來者」，斥責他那麼晚才出家。事實上，他師父十分喜愛他的倔強性格。我師父七十歲時這樣說過：「年輕時，我像頭老虎，如今我則像隻貓。」他非常喜歡自己像隻貓。

叩頭可以幫助我們消除自我中心思想。去除這些想法並不容易，但叩頭是一種非常有價值的修行方法。結果如何並不重要，為改善自身而努力才更為要緊。叩頭這種修行是沒有終點可言的。

只管去做，別管不可能

每次叩頭都是「四弘誓願」的再一次表達。這四大願是：

眾生無邊誓願度　煩惱無盡誓願斷
法門無量誓願學　佛道無上誓願成

如果佛道是達不到的，我們又怎能達到呢？但不管能否達到，我們就是應該去做！這就是佛法。

「因為那是可能的，所以我們就去做。」這並不是佛法。哪怕是不可能的，我們仍然非去做不可，因為那是我們的真實本性希望我們去做的。事實上，可不可能並不是重點。

如果去除自我中心的觀念是我們最內在的渴望，我們就非去做不可。在你下定決心去做之前，你會覺得困難重重，一旦你下定決心，就會覺得那一點都不難。沒有其他方法可以讓你獲得寧靜安詳。心的平靜不意謂著你應該什麼都不做，真正的平靜應該在活動中尋找。

所以，我們說：「在不動中尋靜容易，在動中尋靜難，但只有動中之靜才是真正的靜。」

進步是一點一滴的

修行過一陣子之後，你就會明白，想要有快速、不尋常的精進是不可能的。哪怕你做了很大的努力，進步仍然只會是點點滴滴。那可不像是去淋浴，你不會一下子就全身濕透。禪修更像是走在霧裡頭，剛開始時，你不會覺得濕，但愈走就愈濕，濕會一點一點加重。如果你急於求成，就會對自己慢吞吞的進步感到不耐煩，心裡會想：「真是慢得要命！」這是不對的想法。

當你在霧中沾濕了身體，那想要弄乾身體就非常困難。所以，你不需要為進步緩慢的問題擔心。這情形好比學習外國語言一樣，想要一蹴可幾根本是不可能的，但經過反覆學習，你就一定能學好。這就是曹洞宗的修行方式。你可以說曹洞宗追求的是一點一滴的進步，也可以說曹洞宗完全不期許任何的進步，但只要保持真誠，在每個當下盡最大的努力便已經足夠，沒有任何的涅槃寂靜①是在修行之外的。

注釋：

① 涅槃寂靜：「涅槃」為梵語音譯，原指吹滅，後轉而指燃燒煩惱的火（貪、瞋、癡）滅盡，達到悟智（即菩提）境地，這是超越生死（迷界）的悟界，所以不再輪迴生死。因涅槃遠離諸苦，寂滅無相。無生即寂，無滅即靜，故稱「涅槃寂靜」。

9 開悟沒啥特別？

只有在沒有計較心的情況下，你才是真正在做事。你坐禪，不是為了坐禪以外的目的而坐。

我不喜歡談坐禪以後的事，我覺得談坐禪本身就夠了。坐禪真的是一種很奇妙的修行。我們的目的只是把這種修行永遠持續下去。這種修行方式起自「無始」之時，也會持續到「無盡」的未來。

嚴格來說，身為一個人，除這種修行外，沒有別種修行；除這種生活方式外，沒有別種生活方式。禪修是我們真實本性的直接表現。

坐禪就坐禪，不為別的

當然，做任何事情都是我們真實本性的表現，只不過，沒有禪修，本性就很難被體現出來。人們和所有的眾生都有著活躍的本性。只要我們活著，就總是在做某些事情。但如果你想：「我正在做這件事情」、「我非做這件事情不可」或者「我必須達成某個特殊目標」，那你就什麼都做不成了。

只有在沒有計較心的情況下，你才是真正在做事。你坐

禪，不是為了坐禪以外的目的而坐。你也許覺得自己是在做一件很特別的事，但事實上那只是你真性的表現。只要你認為你坐禪是為了什麼其他目的，那你的修行就不是真切的修行。

沒啥特別，又有點特別

你若能每天持之以恆做這種簡單的修行，最終一定會獲得某些奇妙的力量。獲得力量以前，你會覺得那真是很奇妙，但獲得之後，就覺得那也沒什麼特別的了。這些奇妙的力量只不過是讓你成為自己，沒啥特別的。

正如中國的一首七言絕句說的：「盧山煙雨浙江潮，未到千般恨不消，及至到來無一事，盧山煙雨浙江潮。」很多人以為，能夠看一看雲霧繚繞的盧山或是據說覆蓋地表的浙江潮，一定是無比美妙的經驗，但去過那裡你就會發現，山不過就是山，水不過就是水。沒什麼特別的。

對於沒有經歷過開悟的人來說，開悟充滿了神祕感，是一種奇妙的體驗。但是當獲得開悟，就會覺得那也沒什麼——但開悟又不是「沒什麼」。你明白這個道理嗎？對一個有小孩的媽媽來說，有小孩沒什麼特別的。

這道理跟坐禪一樣。所以如果你持之以恆地坐禪，那你就會愈來愈得到一種力量——一種沒有什麼特別，但又有些特

別的力量。你可以稱之為「法性①」、「佛性」或者「開悟」。你可以用很多不同的名字去稱呼它，但對於那些有親身體驗過的人來說，開悟是沒有什麼特別的，但又有些特別。

眾生皆「是」佛性

只有當我們能夠表現出自己的真實本性，我們才會是人，如果做不到，我們就會不知道自己是什麼。我們不是動物，因為我們是以兩條腿走路的。我們有別於動物，但我們究竟是什麼？我們也許只是幽靈：我們不知道該怎麼稱呼自己。這樣的生物等於是不存在的。它只是個幻覺。當禪不是禪，沒有一物可以存在。

從知性上來說，我這番話不知所云，但如果你在真切的修行中有過體驗，就會知道我的意思。在《涅槃經》②裡，佛陀說過：「眾生皆有佛性」，但道元禪師卻把這句話理解為「眾生皆是佛性」，這兩種說法有點差別。當你說：「眾生皆有佛性」，意謂著佛性存在於每個眾生之中，如此一來，佛性與每個眾生都是不同的。

但如果說「眾生皆是佛性」，則意謂眾生就是佛性本身。這樣，沒有佛性就無一物可以存在。以為有什麼可以離開佛性而存在，那只是一種妄想。也許那存在你的腦子裡，但實際上，它並不存在。

因此，想要當人就必須要能當佛。佛性只是人性的別名。所以即便你無所作為，你仍然是在有所作為，你就是在表現你自己，表現你的真實本性。你的眼睛會表現，你的聲音會表現，你的行為會表現。最重要的是，用最簡單和最充分的方式去表現你的真性，並且在最微末的事物裡去體會它、欣賞它。

如果能夠週復一週、年復一年地持續這種修行，你的體悟就會愈來愈深，而這種體悟也會瀰漫到你在日常生活裡所做的全部事情。最重要的一點是，要忘卻所有的得失心，忘卻所有二元性的思惟。

換句話說，只管以正確的姿勢厲行坐禪，別想其他的。只管坐在蒲團上，不期許什麼。這樣，最終你會歸復你的真實本性。更精確地說，是你的本性會重新歸復它自己。

注釋：

①法性：指一切現象的本質或真實性，也叫做「真如」、「實相」。

②《涅槃經》：全名為《大般若涅槃經》，是佛陀在世說法的最後教誨。《涅槃經》宣揚「眾生皆有佛性」，確立「眾生皆可成佛」的教義，奠定了佛教迅速傳播的基礎。

「我們很強調的一點是，要深信自己的原初本性。」

第二部　在修行的道路上

1 千里長軌人生路

哪怕太陽從西邊出來，菩薩的道路仍然只有一條，他的道路就是在每一時刻表現他的本性與真誠。

我講話的目的不是要帶給各位一些知性上的理解，而只是想分享我對禪修的體會。

能夠與各位一起坐禪真是一件非常、非常不尋常的事。當然，我們所做的一切都是不尋常的，因為人生本身就是如此地不尋常。佛陀說過：「要知道，你的人生難得，有如你指甲上的塵土。」佛陀會這樣說，是因為塵土很難黏在指甲上。

真想永遠坐下去！

我們的人生罕有而美妙。每次打坐，我都會想要一坐就坐到永遠。但我鼓勵自己做些別的修行，例如，讀經或叩頭。每當我叩頭，我都會想：「好棒的感覺！」但我也不能總是一直叩頭吧，也必須抽點時間去讀經。我們打坐不是為了獲得什麼，打坐只是我們真性的表現。這就是我們修行的目的。

如果你想表現自己，表現自己的真實本性，就應該使用一些自然和恰如其分的方式。哪怕坐禪前後，坐下或站起的姿勢都是你自己的一種表現，而非修行前的準備或修行後的放鬆。同樣的道理也適用於日常生活。

煮飯就是一種修行

道元禪師認為，煮飯做菜並不是一種準備動作，它本身就是修行。煮飯並不只是為你自己或別人準備食物，它是你的真誠的表現。所以，做飯時應該騰出寬裕的時間，心無雜念，不期待些什麼，只管煮飯就好！那是我們修行的一部分，是我們的真誠的表現。

當然，坐禪對我們來說是必要的，但它不是唯一的修行方式。不管你做什麼，都應該視之為我們最深處同一種活動的表現。我們應該品味手邊正在做的事情，這些事情不是為了別的事在做準備。

菩薩的道路稱為「一心一意的道路」或「長幾千里的鐵軌」。鐵軌的寬窄保持始終如一。如果鐵軌時寬時窄，就會釀成巨大災難。不管你到了多遠，這條鐵軌始終都是一樣的。這就是「菩薩道」。

所以，哪怕太陽從西邊出來，菩薩的道路仍然只有一條，他的道路就是在每一時刻表現他的本性與真誠。

沿著真誠的鐵軌前進

雖然我們說「鐵軌」，但實際上並沒有那樣的東西。真誠本身就是鐵軌。我們在火車上看著窗外的景象，那是隨時會改變的，但我們卻始終沿著同一條鐵軌前進。這條鐵軌無始無終，沒有起點，沒有目的地，不為什麼而延伸。沿著這條鐵軌前進就是我們僅有的目的。這是我們禪修的真正精神。

但要是你對鐵軌本身太好奇，危險就會隨之而來。你不應該看著鐵軌，你緊盯著鐵軌不放，馬上就會頭昏眼花，你只要欣賞從火車上看到的沿途景致就好了，這就是我們的禪道。火車乘客是沒必要對鐵軌好奇的，有人會替我們照管好鐵軌：佛陀會把它照管好。但有時我們還是會談談這條鐵軌，因為一種始終如一的東西難免讓人好奇。

對於「為什麼菩薩能夠始終如一？」、「他的祕訣何在？」我們感到相當好奇。但事實上也沒什麼祕訣，每個人都有著如鐵軌般的相同本性。

喝茶去吧！

《碧巖錄》記載，兩個名叫長慶、保福的朋友，一起談到菩薩道的問題。長慶說：「寧說阿羅漢有三毒，不可說如來有二種語。」保福說：「雖然你這麼說，但是你的看法仍然不

夠完美。」聽到這兩句話，長慶問道：「那按照你的理解，如來之語是什麼呢？」保福沒有回答，只是說：「我們討論夠了，喝茶去吧！」

保福沒有給朋友回答，是因為要用語言說明佛道是不可能的。然而作為修行的一部分，這兩個好朋友還是會討論一下何謂「菩薩道」，只不過他們並不期望得到答案，所以保福才會回答說：「我們討論夠了，喝茶去吧！」

這是個很好的回答，對不對？我的談話也應當作如是觀：當我的話講完，各位就應該把這些話給忘掉。沒有必要記住我說過的話，也沒有必要去了解我所說的話。完全的了解就在各位本身，就在各位裡面，一點問題也沒有。

2 日復一日打坐

> 為了研究麵糰如何才能變成上好的麵包，佛陀把麵包烤了
> 一遍又一遍，直到做出上好的麵包為止，這就是他的修行
> 方法。

　　佛陀時代的印度思想與修行都是奠基於一個觀念——人是
精神與肉體兩種成分的結合。印度人認為，人的精神層面受
到肉體層面的束縛，所以在宗教修行上致力於削弱肉體的成
分，好讓精神得以強化和釋放出來。

　　因此，佛陀在印度所找到的修行方式相當強調苦行。但
是，佛陀在試過這種修行方式之後發現，身體的欲望是無邊
無際、滌蕩不盡的，一昧地針對肉體下工夫，將會使宗教修
行變得非常理想主義。這種對肉體之戰，只有到我們死的那
天才會結束。

苦行不是個好主意？

　　當然，印度思想認為人是有來生的，所以人在來生可以對
肉體再一次展開作戰，但既然身體的欲望滌蕩不盡，那麼不
論你有多少個來生，你都不可能達到開悟。

這種思想的另一個問題是，即便精神力量可以透過苦行釋放出來，那也只有在你持續苦行的情況下才有可能。一旦回到日常生活，肉體力量又會再度受到強化，而你當初所做的努力，也將付諸流水，你得不斷地從頭來過。

我上面對佛陀時代印度修行方式的說明，或許太過簡化，而且，我們或許也會覺得這種方式很可笑，但事實上，時至今日，還是有人在做這樣的修行。有時候，苦行的觀念甚至會不知不覺潛入到我們心靈的「背後」。但以這種方式修行，是不會有任何進展的。

佛陀的方法相當不一樣。起初，他研究了他那時代與地區的修行方法，並從事苦行。但不管是對於構成人類的成分還是有關存在的各種形而上的理論，佛陀都不感興趣。他更關心的是怎樣活在當下。這就是重點。麵包是麵粉做的，但是麵粉在烤爐裡是怎樣變成了麵包，這才是佛陀最關心的。

我們要怎樣才能得到開悟，這才是佛陀的主要旨趣。開悟的人具有一種完美的、值得追求的人格。佛陀想找出某些人是怎樣發展出這種理想人格的，也就是過去時代的各個聖者是怎樣成為聖者的。

為了研究麵糰如何才能變成上好的麵包，佛陀把麵包烤了一遍又一遍，直到做出上好的麵包為止，這就是他的修行方法。

當麵糰變成了麵包……

　　但我們也許會對於「每天烤一遍麵包」的做法興趣缺缺。「那太乏味了！」各位也許會這樣想。但如果失去重複的精神，你的修行就會變得困難重重。要是你充滿活力與精力，你的修行就不會有困難。畢竟我們不可能靜止不動，總是得要做些什麼事情。

　　一旦你明白了麵糰是怎樣變成麵包，你就會明白什麼叫做「開悟」。我們不關心麵粉是什麼、麵糰是什麼，也不關心聖者是什麼。聖者就是聖者，對人性的任何形而上的解釋都是無關宏旨的。

　　所以我們強調，修行不能太過理想主義。一個藝術家如果太理想主義，到頭來只有自殺一途，因為在他的理想與他的實際能力之間存在著一條大鴻溝。因為沒有夠長的橋樑架接這條鴻溝，他就會絕望。這是一般的精神道路。

　　但我們的精神道路卻不是這樣的理想主義。在某些意義下，我們也應該是理想主義的，起碼我們應該想辦法把麵包烤得好看又好吃！實際的修行是重複再重複的，直到你找出把自己變成麵包的方法為止。我們的禪道毫無不平凡之處：只管打坐和把自己放入烤爐裡，就這麼多。

3 遠離興奮

禪不是某種興奮，禪只是全神貫注於我們一般的日常事務之中。

師父在我三十一歲那年入寂。儘管我希望可以到永平寺潛心禪修，卻不得不留下來繼承師父的禪寺「住持」一職。我變得十分忙碌，而且因為年輕，所以我碰到很多困難。這些困難帶給我一些經驗，但與寧靜祥和的生活方式相比，這些經驗的價值不值一哂。

學禪不是要你興奮

把我們的禪道持之以恆地貫徹下去是很必要的。禪不是某種興奮，禪只是全神貫注於我們一般的日常事務之中。當你太忙或太興奮時，你的心就會動盪不安，這並不好。如果可能，應該讓自己保持寧靜喜樂，遠離興奮。但通常我們都會一天比一天忙，一年比一年忙，現代社會的生活更容易讓人如此。

現在，每隔一段時間，重訪一個熟悉的老地方，我們常常會訝異於它的變化如此之大。這是無法制止的，但如果我們

讓自己太興奮，我們就會完全被捲入忙碌的生活，然後迷失方向。如果你的心是寧靜、恆常的，那麼哪怕你身在喧鬧的世界中，仍然會不為所擾。儘管身處喧囂和變遷的中心，你的心仍然會靜默而穩定。

禪不是一種要讓人興奮的東西。有些人會修禪，純粹出於好奇心，這樣，他們只是使自己更忙。如果修行會讓人變得更糟，那真是荒謬之極。我想，各位一星期只要坐禪一次，就已經夠忙的了。不要對禪太感興趣，一些對禪太興奮的年輕人往往會荒廢學業，跑到深山野嶺去坐禪。這種興趣並不是真正的興趣。

忙個不停很難有好修行

只要能夠對寧靜、平常的修行持之以恆，你的人格特質將可建立起來。如果你的心老是忙個不停，就不會有時間去建立你自己的人格，而你也將不會有所成就──修行得太賣力尤其會有這種危險。建立人格就像做麵包，你只能把麵粉少量、少量地攪拌，一個步驟接著一個步驟來，而且烤麵包時必須是用中庸的火候。

最清楚各位的人是各位自己，你們知道自己需要的是什麼樣的火候，你們知道自己真正需要些什麼。反過來說，要是你太興奮，就會忘了什麼樣的火候才適合你，你將會失去方

向。這是非常危險的。

佛陀說過：「善於修行的人就像牛車伕。」牛車伕知道他的牛能拉多重的東西，絕不會讓牛負荷過重。你知道自己的心靈狀態和能力範圍，千萬別負荷過度！佛陀還說：「建立人格就要築好堤壩。」築堤壩必須非常小心，如果急於求成，堤壩就會漏水。小心翼翼去築堤，最後你就會有一座可以蓄水的好堤壩。

我們「不要興奮」的修行方式聽起來很消極，但事實卻非如此。那是一種明智而有效的方法，而且非常顯淺。但我發現人們很難理解這一點，尤其是年輕人。另外，或許有人覺得我在談的是漸悟法門，其實也不是。實際上，這就是頓悟法門，因為如果你的修行是寧靜且保有平常心，那麼日常生活本身就是開悟。

4 要努力，不要驕傲

如果你修行得很好而因此心生驕傲，這個「驕傲」就是多餘的成分。你表現得很好沒錯，但你卻把某種多餘的東西加在你的表現上，你應該丟掉那些多餘的東西。

修行中最重要的事情是：要有正確的努力。

朝正確方向所做的正確努力，是不可少的。如果你的努力，指向不正確的方向，尤其是你也沒覺察到的話，你就會白忙一場。修行時，我們的努力方向應該從「有所成」轉向「無所成」。

不以追求結果為目的

通常在做一件事情時，我們都是想要成就些什麼，得到些什麼結果。而所謂「從有所成轉向無所成」，則意謂著我們的努力不應該以追求結果為目的。如果你以「無所成」的心態去做一件事，它就會包含正面的素質。相反地，如果你投入一些特殊努力去做一件事，它就會多出一些不必要的、多餘的成分。

你應該丟棄多餘的成分。比方說，如果你修行得很好而因

此心生驕傲，這個「驕傲」就是多餘的成分。你表現得很好沒錯，但你卻把某種多餘的東西加在你的表現上，你應該丟掉那些多餘的東西。這一點非常、非常地重要，但是我們往往不夠精細，也不了解這一點，以致於讓自己的修行走向錯誤的方向。

不知道自己犯了錯，就會犯更多錯

因為我們全犯了同一個錯，所以不了解自己是在犯錯，因為不了解這一點，我們就會犯更多的錯。我們為自己製造了各種麻煩，這一類不好的努力稱為「法縛」。你被某些錯誤的修行觀念纏住了，走不出來。當你被捲入某些二元觀念，就表示你的修行並不清淨。

所謂「清淨」，不是指擦拭某樣東西，使其從不乾淨變回乾淨。所謂「清淨」，指的只是讓事物「如其所如」。當有多餘的東西加到其上面，它就不再清淨。當某樣東西變為二元，它就不清淨。如果你認定「坐禪」可以讓你得到些什麼，你的修行就已經不清淨了。

「修行可以帶來開悟」這句話並無任何不妥，但我們不應該被這語句本身所圍限，不應該被它污染。如果你在坐禪，就只管坐禪，如果開悟來到，就只管讓它來。我們不應該執著於得到開悟，哪怕你察覺不到，但坐禪的本質總是存在於你

的坐禪之中，所以不要去想你也許可以從坐禪中得到什麼。只管打坐就夠，坐禪的本質會表現出它自己，而你也會得到它。

有人問我，何謂不抱持計較心理的坐禪？而哪一種努力又是這種修行的先決條件？那一種努力就是：「把多餘的東西從我們修行中除去。」如果有多餘的觀念闖進來，你應該制止它，你應該讓修行保持清淨。這是我們的努力要指向的目標。

一隻手也可以鼓掌？

有一句禪語說：「聆聽一掌的鼓掌聲。」我們通常以為鼓掌需要兩隻手，而一隻手是鼓不出任何聲音的。但實際上，一隻手的本身就是聲音。哪怕你聽不到聲音，聲音還是會在那裡。如果你用兩隻手鼓掌，就會聽到那聲音。但如果那聲音不是在鼓掌之前就已經存在，你也不可能把聲音製造出來的。在你製造出聲音來之前，聲音就已經存在，因為有那聲音存在，你才能把它製造出來，然後你才能聽見它。

這聲音無所不在，如果你練習一下，自然會聽見。不要刻意細聽那個聲音，如果你不刻意細聽，聲音就會無所不在。如果你只是去聽聽看，聲音就會有時在，有時不在。

各位明白這個道理嗎？即使你什麼都不做，坐禪的本質都

隨時與你同在。但如果你企圖把它找出來，企圖看看它的本質，結果就是什麼都找不到。

修行使你無懼於失去

各位是以人的形體活在這世上的，但在你擁有人的形體以前，各位本已存在。你以為你出生前並不在這裡，但如果本來不是有一個你，你又怎麼可能出現在這世上呢？因為你早就已經存在，你才能出現在這世上。同樣地，任何不「存在」的東西也就不可能「消失」，一樣東西之所以會消失，是因為它存在。

也許你會以為，你死的時候就會消失，就不再存在了，但就算你消失了，有些存在著的東西仍不會消失的。那只有魔法才辦得到，我們沒有那個能耐對世界施以魔法，世界就是它自身的魔法。

如果我們看著某個東西，它就有可能會從我們的目光消失，但如果我們不去看它，它就不可能從我們的目光消失。因為你看著它，它才會消失，如果你不看它，一樣東西又怎麼可能會消失？如果某人看著你，你可以逃開，但如果沒有人看著你，你就不可能從自己逃開。

所以，不要把目光放在特定的東西上，不要想達成某種特別的成就。在你自己的清淨本質中，你已經擁有了一切。倘

若你明白這個最終的事實，就會一無所懼。你也許會碰到一些麻煩，卻不會感到恐懼。一個人碰到麻煩時不知道那是個麻煩，這才是真正的麻煩。

他們看起來也許非常有自信，也許以為自己朝正確的方向做出了一些重大的努力，但他們有所不知的是，他們的作為是出於恐懼。某些東西也許會從他們面前消失，但如果你努力的是正確的方向，就無需恐懼會失去任何東西，而哪怕你努力的方向是錯誤的，只要你能覺察得到，就不會為其所惑，沒有什麼是可以失去的。正確修行的清淨本質，是常住不變的。

5 不留一絲痕跡

如果你執著於你做過的事情，你就會被自私的觀念所纏縛。我們常常會以為自己做了好事，但實際情形也許並非如此。

坐禪時，我們的心是平靜而相當單純的。但平時，我們的心卻忙碌而複雜，難以專注於手邊的事情。這是因為我們做事情以前會左思右想，而這種思考會留下一些痕跡。

我們的活動會被某些先入之見的陰影所籠罩，這些痕跡和陰影使我們的心變得複雜異常，當我們帶著一顆複雜心做事，我們的活動也會變得十分複雜。

別再一心二用！

大多數人做事情時都是一心二用或三用。俗話說：「一石二鳥」。這正是人們常想要做到的。但也正因為他們想要同時抓住許多鳥，結果一隻也抓不到！

這種思惟方式會在人們從事的活動中投下陰影，這個陰影事實上並非思考本身。當然，我們做事情往往有必要先想一想，但正確的思考是不會留下任何陰影的。會留下痕跡的思

考是來自我們相對的、混亂的心。相對心是一顆自我對比於別物的心，也因此是顆畫地自限的心。會製造貪念和留下自身痕跡的，正是這顆「小心」。

如果你的思想在你的活動上留下了痕跡，你就會執著於那個痕跡。例如，你會說：「那是我做的耶！」事實並非如此。回憶時你也許會說，你以某種方式做過某某事，但實際發生的情形並非如此。當你這樣想，就會限制了你曾經有過的實際經驗。如果你執著於你做過的事情，你就會被自私的觀念所纏縛。

別自以為做了好事

我們常常會以為自己做了好事，但實際情形也許並非如此。老年人常常會為自己過去做過的事感到驕傲，但聽在旁人耳裡卻覺得好笑，因為他們知道，老人的回憶是片面的。另外，如果老人為自己做過的事感到驕傲，那這驕傲就會給他帶來一些麻煩。反覆這樣的回憶愈多次，他的人格就會扭曲得愈來愈厲害，到最後會變成一個相當討人厭的老頑固。這就是一個人在思考裡留下痕跡的例子。

我們不應該忘記做過些什麼，但卻不該在記憶中留下一個多餘的痕跡。留下痕跡和記憶往事是兩回事。我們有必要記得自己做過些什麼，但卻不該執著於這些做過的事，我所謂

的「執著」正是我們在思考與活動時所留下的痕跡。

為了不留下任何痕跡，我們做任何事情時，就須全副身心都投入去做，應該全神貫注於手邊的事。你應該把事情做得完整，就像一團熊熊的篝火那樣，而不應該當一團煙濛濛的火。你應該把自己徹底燒乾淨，如果你不把自己燒乾淨，自我的痕跡就會留在你所做的事情上面。

「參禪」就是一種燒乾淨的活動，除了灰燼外什麼都不留下，這就是我們修行的目的。道元禪師說過：「灰燼不會復燃為柴火。」灰燼是灰燼，灰燼應該完全是灰燼，而柴火應該是柴火。當這樣的活動發生，一個活動就會覆蓋所有的活動。

每一刻都應該修行

所以，我們的修行不是一小時、兩小時的事，也不是一年、兩年的事。如果你以全副身心去坐禪，那生活中的每一刻都是在坐禪。因此，每一刻你都應該致力於修行，做過任何事以後都不要留下什麼——但這不表示你要忘卻做過的一切。如果能明白這個道理，那麼，所有的分別思想以及人生的所有煩惱，都會離你而去。

禪修時，你會變得與禪合而為一，不再有你或者有坐禪這件事。當你叩頭，既沒有你也沒有佛，有的只是完完整整的

叩首，如此而已，這就是「涅槃」。當佛陀把禪法傳給迦葉尊者時，他只是拈花微笑。在場的人之中，只有迦葉尊者一個人了解佛陀的意思。我們不知道這是不是史實，但不管是或不是，這個故事都意味深長，它是我們傳統禪道的證明。

只有覆蓋全部活動的活動才是真正的活動，而這種活動的奧祕是由佛陀傳下來的。那就是禪修，而不是某種由佛陀所開示的教法或立下的生活準則。教法或準則會因地或因人而改變，但修行的法門是不會變的，它總是真的。

停止批判，開始修行吧！

所以，對我們來說，沒有其他的方式是可以讓我們活在這世上。在我看來，這種生活方式相當真切，也使人易於接受、易於了解，也易於實行。如果你把依循這種奠基於修行的生活，與發生在世界、在人類社會的種種事情做一對比，你就會發現，佛陀留給我們的真理多麼可貴。這些真理非常簡單，實行起來也非常簡單。

但儘管簡單，我們卻不應忽略這些真理，而應該讓人們發現它們偉大的價值。通常，當一個道理很簡單的時候，我們會說：「噢，這個我曉得！這很簡單，每個人都曉得。」但如果我們不去發現它的價值，它就什麼也不是，那麼就和不知道這個真理是一樣的了。但如果我們體會不到它的價值，

那麼我們對文化了解愈深，就會愈知道這教法有多麼真實且多麼必要。

與其批評你的文化，不如將全副身心投入這個道理簡單的修行。這樣一來，社會和文化就會透過你而得以更新、茁壯。人們會對自己的文化持抱批判態度，那是因為他們執戀於自己的文化。這也許沒有什麼不妥之處，但我們的禪道主張，人們應該只是專注於一種簡單的基本修行，以及一種對人生簡單的基本理解。

我們的活動不應該留下任何痕跡，我們不應該執著於某些空想的觀念或美好的東西，我們不應該追求善。真理總是近在手邊，而且是你伸手可及的。

6 布施就是無所執著

哪怕你不了解這個「大我」與萬物是「一」的道理，但在付出什麼的時候，你的感覺總是很棒，因為這些時候你會感受到，你與你所給出的東西同一。

自然界的每一個存在、人類世界的每一個存在、我們所創造的每一件文化產品，都是「被賜予」的，或者說是「被賜予給我們」的。但因為萬物在本源上是「一」，所以實際上來說，我們是在給出一切。一剎那接著一剎那，我們都在創造一些東西，而這也是我們生命的喜樂。但這個在創造和給出東西的「我」並不是「小我」，而是「大我」。

施比受更讓人快樂

哪怕你不了解這個「大我」與萬物是「一」的道理，但在付出什麼的時候，你的感覺總是很棒，因為這些時候你會感受到，你與你所給出的東西同一。這也是為什麼施比受更讓人快樂。

佛教用語中有所謂的「布施①波羅蜜」。「波羅蜜」的意思是「渡」或「到彼岸去」。我們的人生可以視為渡過一條河

流，我們人生的目的是要努力到達彼岸——涅槃。不過，人生真正的智慧在於知道我們走向彼岸的每一步，實際上都是到達彼岸本身。

這裡一共有六種生活方式可以實踐這種人生目的，「布施波羅蜜」就是其中的第一種，意謂著以布施而渡；第二種是「持戒②波羅蜜」，意謂著以持戒而渡；第三種是「忍辱③波羅蜜」，意謂著以忍辱而渡；第四種是「精進④波羅蜜」，意謂著以精進而渡；第五種是「禪定⑤波羅蜜」，意謂著以禪定而渡；第六種是「智慧⑥波羅蜜」，意謂著以智慧而渡。這六種「波羅蜜」事實上是同一種，只因為我們從六個不同的方面觀察人生，所以把它們分成六種。

你可以布施一片樹葉

道元禪師說過：「布施是無執。」也就是說，單單無所執的本身就是一種布施。你布施什麼都無關宏旨，布施一文錢或者一片樹葉都是「布施波羅蜜」，布施一句話甚至一個字也是「布施波羅蜜」。要是能以無執的精神布施，那麼你的物質布施和言語布施具有同等價值。

只要有正確的精神，那麼我們所做的、所創造出來的一切就都是「布施波羅蜜」。所以，道元禪師才會說：

生產什麼或參與人類活動，同樣是「布施波羅蜜」。為別人提供一艘擺渡船或造一座橋也是「布施波羅蜜」。事實上，你布施一句箴言慧語給某人，就不啻是送給他一艘擺渡船！

基督教認為，世間的一切都是上帝所創造或賜予的，這是對「給予」觀念的一個很棒的解釋。但如果你認為是上帝創造了人，所以人與上帝有著某種區分，那麼你就很容易就會想你有能力創造某種東西，那不是上帝所賜予的。例如，我們會造飛機，會建高速公路，但是當我們開口閉口都是「我創造……我創造……我創造」的時候，我們很快就會忘記創造各種東西的這個「我」實際上是誰。這是人類文化的危險之處。

事實上，以「大我」來創造就是去給予。我們不能創造某些東西之後便據為己有，因為一切都是上帝所造，這一點是不可以忘記的。

打坐時，我們什麼都不是

然而，因為我們忘記了「是誰在創造」以及「為何而創造」時，我們就會執著於物質價值和交換價值。沒有任何價值是可以跟絕對價值相比的，而凡是上帝創造的東西都具有絕對價值。即使有些什麼對「小我」來說並沒有任何的物質或相

對價值，但它自身仍有絕對價值。

當你不執著於一項事物時，那意謂著你意識到它的絕對價值。你做的任何事都應該奠基於這種覺知，而不是自我中心的價值觀念。如此一來，你做的一切都會是真正的布施，也就是「布施波羅蜜」。

當我們盤腿打坐，我們就重拾起最基本的創造活動。創造活動大致分為三種。

第一種是坐禪結束後我們對自己的覺知。打坐時，我們什麼都不是，甚至意識不到自己是誰。我們只是純然地坐著。但是，當我們站起來時，我們便再次存在，這是創造的第一步。當你存在，萬物就會存在，一切都在同一剎那間被創造了出來。當我們從「無」當中出現，當萬物從無現身，我們會看到一次嶄新的創造，這就是無執。

第二種創造就是當你在活動、製造或是準備某些東西像是食物或茶的時候。

第三種是你在自己裡面創造了些什麼，例如教育、文化或藝術。

所以一共有三種創造，但如果你忘掉了第一種（最重要的一種），那麼其他兩種就會像個失去父母的小孩——這兩種所創造出來的東西會顯得一點意義都沒有。

忘了坐禪，也忘了上帝

通常每個人都會忘了坐禪，每個人都會忘了上帝。他們賣力於從事第二和第三種的創造，但上帝卻不會幫他們的忙。試問，當上帝不了解祂自己是誰的時候，祂又怎麼會去幫忙呢？這個世界之所以有諸多問題，原因就在這個地方。當我們忘掉創造的本源時，就會像個與父母走失的小孩似的，不知所措。

如果你了解「布施波羅蜜」，你就會明白，很多問題都是我們替自己製造出來的。當然，生存就是製造問題。如果我們沒有出生，父母就用不著為我們傷腦筋，只因為我們存在，才給他們帶來麻煩。這沒什麼要緊的，萬物都會製造問題。

但通常人們以為，當他們死掉，一切就會過去，問題也會消失。不過，你的死亡同樣會製造問題！事實上，我們的問題應該在此生加以解決，當我們意識到我們創造的一切都是「大我」贈予的禮物，就不會執著於它們，就不會給自己或別人製造問題。

我們應該日復一日忘掉我們做過的事，這是真正的無所執著。我們應該做些新的事情。做新的事情當然要以舊的事情為前車之鑑，但我們不應緊抓著做過的事情不放，而是只要去反省就好。

但未來是未來，過去是過去，當前該做的，是做些新鮮的

事。這是我們的態度，是我們在這世上應該有的生活方式。這就是「布施波羅蜜」——為了我們自己的緣故給出些什麼、創造些什麼。這是我們為什麼要打坐的原因，只要不忘記這一點，一切就會井井有條，一旦忘記了這一點，世界就會一團糟。

注釋：

①布施：六度之一。將自己所擁有的東西，施捨給人。就施捨的內容包括了財物的施捨、佛法的施捨，以及給予安全感等等。

②持戒：受持戒法之意，與「破戒」相對稱。也就是受持佛所制之戒而不觸犯。

③忍辱：為佛教修行方法「六度」之一。指忍耐迫害、苦難、虛榮、自大及種種誘惑，使心安住在佛法中。

④精進：指在修善、斷惡、去染、轉淨的修行過程中，持續不懈地努力。

⑤禪定：禪與定都是讓心專注於某一個對象，而達於不散亂的狀態。「禪那」是指修行者高度地集中精神，努力對某種對象或主題去思惟。「定」是指心住在一對象的境界之內。禪那是過程，定是結果，禪定依修習的層次可分為「四禪」和「八定」。

⑥智慧：指證悟一切現象之真實性的智力。

7 避開修行中的錯誤

很多人會犯的另一個毛病是，為了尋找快樂而修行。事實上，如果你在修行時會感到快樂，那正好反映出你的修行不太對勁。

有好幾種差勁的修行方式是你應該當心的。通常，我們坐禪時都會很容易流於理想主義，先定出一些理想或是目標，然後全力以赴地想要去達成。但就像我常常說的，這是荒謬之舉。當你太過理想主義，就會產生貪念——等你達到設定的理想或目標時，你的貪念又會創造出下一個理想與目標。

別設定目標！

只要你的修行是建立在貪念之上，只要你是以一種理想主義的方式來坐禪，就不會真的有時間去達到你的理想。此外，你也會犧牲掉修行的真義。因為你的眼睛總是看著前面，你就會為未來的你犧牲掉現在的你，最後只落得一無所得。這是荒謬的，不是正確的修行方法。比這種理想主義態度更糟的是，抱著與別人爭勝的心理坐禪。那真是一種可憐兮兮的修行方式。

哪怕昏昏欲睡，還是要修行

　　我們曹洞宗的禪道強調「只管打坐」。事實上，我們的修行方式並沒有特定名稱。坐禪時，我們就只是坐禪，而不管有沒有從中得到快樂。哪怕我們昏昏欲睡、哪怕我們厭倦了修行，我們還是會繼續修行。不管有沒有人鼓勵我們修行，我們就是去做就對了。

　　即使你只是一個人修行，沒有師父，一樣有方法可以讓你判斷你的修行是否正確。如果你打坐累了，或者對打坐產生厭煩的感覺，就應該知道這是一個警訊。那表示你的修行太理想主義，表示你有貪念，修行不夠清淨。要是修行時太貪心，你就會容易氣餒。所以，你應該感激有警訊的出現，把你修行的弱點指出來。這時候，你要記取錯誤，從頭來過，你就能重拾清淨的修行，這是很重要的一點。

　　只要你能夠持之以恆地修行，就會相當安全，但要持之以恆地修行是很困難的事情，所以你需要找些方法來為自己加油打氣。另一方面，如果你是單獨修行，而你採取的又是某種差勁的修行方式，那麼想要找到為自己加油打氣的方法就會相當困難。

　　我們之所以主張修行時應該有個師父，道理就在這裡。你的師父可以糾正你的修行。當然，師父都是很嚴厲的，當弟

子絕不會好過，但儘管如此，他卻可以讓你免於誤入歧途。

　　大部分禪僧在當弟子時都很不好過。當他們談到自己不好過的過往時，你也許會以為，沒吃過這種苦就不足以談禪修，這是不對的想法。不論你在坐禪時有沒有碰到困難，只要你能持續不懈，你的修行都會是真正的清淨修行。哪怕你感覺不到，你的修行仍然是清淨的。

　　因此，道元禪師才會說：「不要以為你一定可以意識到自己的開悟。」不管你能否意識得到，在修行中，你都已經得到了真正的開悟。

快樂的修行不太對勁？

　　很多人會犯的另一個毛病是，為了尋找快樂而修行。事實上，如果你在修行時會感到快樂，那正好反映出你的修行不太對勁。那當然不是個糟糕的修行，但與真切的修行相比，這樣的修行並不是那麼地好。

　　在小乘佛教①裡，修行分為四類：最好的一種修行，是沒有快樂的感覺的（包括精神上的快樂），修行的人只管修行，忘掉了肉體與心靈的感覺，也忘掉了自身的存在，這是第四個階段的修行，也是最高的層次。次一等的是在修行時，感到一點點肉體的快樂，而你之所以修行，也是為了這種快樂。再等而下之的層次是，在修行時，會同時感到精神與肉

體的快樂。最下一個層次則是修行時，既無思想，也沒有好奇心。這四個層次也適用於我們大乘佛教②的修行，而最好的層次是只管修行，不求其他。

如果你在修行中碰到困難，你就應該當心，因為那是個警訊，反映出你有一些不正確的觀念。但是不要因此放棄，而要記取你的錯誤，持續修行下去。這樣的話，你就能不抱著得失心，也不抱著對開悟的執著，你不會再有「這就是開悟」或「這是不正確的修行」之類的想法。

哪怕是錯誤的修行，只要你知道它是錯誤的並持續修行下去，自然而然就會變成正確的修行。我們的修行是不可能完美的，但不必為此氣餒，應該持續下去，這就是修行的祕訣所在。

而如果你想要在氣餒時得到鼓舞，那麼「厭倦修行」本身就是一種鼓舞。當你不想修行時，那就是一個警訊。就好比牙疼就表示你的牙齒有問題，當你牙齒疼時，就應該去找牙醫，我們的方法也是這樣。

成見是衝突的根源

衝突的根源是一些成見或一邊倒的看法。如果人人都知道清淨修行的價值，這個世界就不會有那麼多的衝突，這就是我們的修行祕訣和道元禪師的禪道。在《正法眼藏》一書

中，道元禪師反覆強調這一點。

明白了衝突的根源是一些成見或一邊倒的看法，你就能出入於各種不同的修行方法而不為其所囿限。要是你不明白這一點，就會被某種特定的方法所纏縛，並說出這類的話：「這就是開悟！這就是完美的修行。其他方式都不完美，我們的才是最佳的修行方式。」這真是大錯特錯！

真切的修行是沒有特定方式的，你應該找出適合自己的方式，並且弄明白其優缺點所在，等到搞清楚之後，當你採用這種方式來修行時，就不會有危險了。但如果抱持的是一邊倒的態度，你就會罔顧那個修行方式的弊端，而只強調它好的部分，到頭來等你發現弊端時，就為時已晚了。這樣是很愚蠢的，我們應該感激古代的禪師為我們指出了這個錯誤。

注釋：

①小乘佛教：因以救渡眾生為宗旨的大乘佛教於西元前後興起，大乘佛教徒認為部派佛教僅以個人修行為目的，故稱其為「小乘佛教」。但現今世界各佛教團體均改稱為上座部佛教或南傳佛教，是巴利語系的佛教，特別重視保留佛陀時代修行模式的佛教傳承，當代主要分布地點在斯里蘭卡、泰國、緬甸等國。

②大乘佛教：因廣泛接納各種引導人們邁向覺醒的法門，不以個人覺悟為滿足，而以救渡眾生為目的，一如巨大交通工具可載乘眾人，故稱為「大乘佛教」。大乘佛教在佛陀去世幾世紀之後興起，盛行於西藏、蒙古、中國、韓國、越南和日本等地區。

8 限制自己的活動

如果你了解了我們修行方法的祕訣，那麼不管你人在哪裡，你都會是自己的「老闆」。不管在任何環境之下，你都不能夠忽視佛，因為你自己就是佛。

我們的修行方式不設定任何特定的目標或目的，也不崇拜任何對象。

就這點來說，我們的修行有別於一般的宗教修行。中國著名的趙州禪師說過：「金佛過不了鑪，木佛過不了火，泥佛過不了水。」只要你的修行是指向某個特殊對象（不管是金佛、木佛還是泥佛），這樣的修行有時就是不管用。

只要你在修行時設定了什麼特定目標，你的修行就無法完全幫助你。在你指向那個目標時，也許對你可以有所幫助，一旦你回到日常生活之中，那樣的修行就會不管用。

吃飯時吃飯，睡覺時睡覺

也許你會以為，假如修行中沒有目標或目的，我們會不知如何是好，但事實並非如此。要想讓修行不帶任何目的，有一個方法是，限制你的活動，或者說專注於你當下的活動。

不要在心裡放入某些特定對象，而是該去限制自己的活動。當你的心遊蕩到別處，你就沒有機會表現自己。但如果你把活動限制在此時此地，就能充分表現出你的真實本性，也就是那普遍的佛性，這是我們的禪道。

坐禪時，我們會把活動限制到最少的程度，只管保持正確姿勢，專心打坐，就是我們用來表現法性的方法。然後我們會成為佛，表現出佛性。

所以，我們不崇拜某種對象，而只是專注於每一個當下的活動上。叩頭時叩頭，打坐時打坐，吃飯時吃飯，不作他想。只要這樣做，法性自然會在其中。這個在日文裡稱為「一修定」。「一修」是指一次的修行，「定」（即三摩地①）則是專注的意思。

不管信什麼教都可以坐禪

我想，來這裡坐禪的人有些信奉的是佛教以外的宗教，但我並不介意。我們的修行方法與特定的宗教信仰無關，各位也無須對修習我們的方法有所遲疑，因為它無關乎基督教、神道教②或印度教。我們的修行通用於每一個人。

通常，當人們相信了某種宗教，對自己的態度就會像個角尖愈來愈朝外頭的尖角。但我們的禪道卻不是這樣，在我們的禪道裡，角尖總是向內，而不是向外。所以各位無須擔心

佛教與你所信奉的宗教之間的差異。

趙州禪師有關三種佛的那一席話，乃是針對那些崇拜某種特定的佛的人說的。單一種佛無法完全滿足你的需要，因為你總會有將之丟開或忽視不顧的時候。但如果你了解了我們修行方法的祕訣，那麼不管你人在哪裡，你都會是自己的「老闆」。

不管在任何環境之下，你都不能夠忽視佛，因為你自己就是佛，只有這個佛能完全幫助你。

注釋：

①三摩地 (Samādhi)：又作「三昧」，佛教修行者將心集中在一點上，心平靜的狀態。

②神道教 (Shintoism)：日本宗教教派起源於神道派，是日本人從宗教史中所講述出來的。日本神道教則源自中國「道教」，認為天地間一定有神的存在，人對神應該要有信仰。宗旨以神道為主，宣揚「人要修身」、「人要有道德觀念」來作為信仰神道的條件。

9 研究佛法，研究自己

當他不自覺的時候，他會擁有一切，但當他自覺的時候，
就是個大錯誤了。

　　研究佛法的目的不是為了研究佛法，而是為了研究我們自
己。沒有一些教法，我們是無法研究自己的。如果想知道水
是什麼，你需要科學，而科學家需要實驗室。在實驗室裡，
有五花八門的方法可以研究水是什麼，所以，我們有可能知
道水由什麼成分構成、有哪些形式及其性質如何。儘管如
此，科學卻不能了解水的本身。

你需要一位師父

　　我們的情形也是一樣，我們需要一些教法，但單憑這些，
我們不可能了解「我」是什麼。教法並不是我們自己，教法
只是對我們的一些解釋。因此，如果你執著於教法或師父，
就是犯了個大錯誤。與一位師父相遇的那一刻，就是你應該
離開他的一刻。你應該當個獨立的人，而你之所以需要一位
師父，就是為了讓自己變得獨立。如果你不執著於師父，他
就會指示出一條讓你可以通向自己的道路。你之所以需要一

位師父，是為了自己而不是為了師父。

弟子本身就是佛

中國的臨濟義玄禪師①把他教授弟子的方法分為四種。有時他會談弟子本身，有時他會談禪理本身，有時他會給弟子或禪理一個解釋，有時他又會完全不給弟子任何教導。他知道，即使沒有任何教導，一個弟子仍然是弟子。

嚴格來說，師父並沒有必要教導弟子，因為弟子本身就是佛，哪怕他自己意識不到，也是一樣。反過來說，如果弟子意識到自己就是佛，但又執著於這一點，就是迷誤。當他不自覺的時候，他會擁有一切，但當他自覺的時候，就是個大錯誤了。

當你沒有從師父那裡聽到什麼而只是打坐，這叫做「無教之教」。但有時這是不夠的，所以我們才會有需要聽聽佛學講座或討論佛法。但應該記住的是，我們在某個地方從事修行，其目的只是在於研究自己。我們是為了變得獨立，而研究自己。

就像科學家做研究需要方法一樣，我們研究自己也需要某些方法的幫助。我們需要師父，是因為完全靠自己來研究自己，那是不可能的。但有一點不能弄錯，你不應該把從師父那裡學來的東西用來取代你自己。跟隨一位師父以便於研究

自己，這是日常生活的一部分。在這個意義下，修行與你在日常生活中的活動並沒有分別。所以，在禪堂中找出你生命的意義，就是在日常生活中找出你生命的意義。你會來禪修，就是為了找出生命的意義。

就只是起床，打坐，叩頭⋯⋯

當我在日本的永平寺修行時，寺中的每個人都只做他該做的事。該起床時起床，該打坐時打坐，該向佛陀叩頭時叩頭，就這樣而已。

修行時我們並不覺得有什麼特別，我們甚至不覺得自己是在過僧院生活。對我們來說，僧院生活就是平常生活，倒是那些從城市來上香的人才是不平常的人。看到他們，我們心裡會想：「啊，來了一些特別的人呢！」

但每次離開永平寺一段時間後，再回到寺裡，我的感受卻又不同了。我會聽到各種修行的聲音（撞鐘聲、誦經聲等等），並因而深受感動。淚水從我的眼睛、鼻子、嘴巴流出來。所以說，只有從寺外來的人才會感受到寺院的修行氣氛，身在其中的人實際上是不知不覺的。

我想，這個道理在任何事情上都是通用的。比如說，在冬日，我們聽到風吹松樹的聲音，看到松樹在風中搖擺的樣子，我們並不會有什麼感覺，然而卻有人會觸景生情而寫出

一首詩。

做自己該做的事

所以，你對佛法有沒有感覺並不是重點，你對佛法感覺是好是壞也無關緊要，佛法無關乎好與壞。我們只是做我們該做的事，這就是佛法。當然，有時候，某些激勵是必要的，但激勵只是激勵，並非修行的真正目的，它只是一帖藥。當我們感到洩氣，就用得著藥物，而當我們精神昂揚，就用不著任何藥物。不應該把藥物與食物混為一談，有時候，藥物是有需要用到，但不應該把它當成食物。

因此，在臨濟禪師所說的四種教法中，最上乘的一種是不給弟子任何說明，也不給他任何激勵。如果我們把自己想成是身體，那佛法就好比是衣服。有時我們會談衣服，有時會談自己的身體，但不管是衣服還是身體，那都不是我們自己。所以，談論自己無妨，但實際上並沒有需要這麼做。

在開口前，我們早已把那無所不包的大存在給表現了出來。所以，談論我們自己的目的只是為了糾正誤解，讓我們不會執著於大活動的任何特定的、一時性的色或是相。我們有需要去談論自己的身體是什麼，以及我們的活動是什麼，這樣我們才不會對兩者有所誤解。因此，談論我們自己的目的，實際上是為了忘掉我們自己。

學佛的最終目的——忘掉自己

道元禪師說過：「研究佛法是為了研究我們自己，研究我們自己是為了忘掉我們自己。」當你執著於你真實本性的一時性的表現時，那麼談談佛法是有必要的，否則你就會把一時性的表現當成了真實本性。但這個一時性的表現並不等同於真實本性，但與此同時卻又等同於真實本性！它有時一下子是真實本性，在時間最細微的分子裡，它是真實本性。但它不總是真實本性，因為在下一個剎那，它就不再是真實本性了。

為了明白這個事實，研究佛法是有必要的，但研究佛法的目的只是為了研究我們自己和忘掉我們自己。當我們忘掉自己，我們就會成為存在（亦即實相）的真實活動。了悟這個事實以後，這個世界將再也沒有煩惱可言，而我們也可以毫無煩惱地盡情享受生命，修行的目的就是為了要了悟這個事實。

注釋：

①臨濟義玄禪師 (？～867)：臨濟宗初祖。以機鋒峭峻著名於世，他接引學人，每以叱喝顯大機用，世有「德山棒、臨濟喝」之稱。其對參禪行者極為嚴苛，然門風興隆，為中國禪宗最盛行的一派。

10 於煩惱之中靜坐

要解決煩惱就是要成為煩惱的一部分，與煩惱合而為一。

　　在你能夠活在每一個當下之前，禪公案對你來說是很難理解的，但等到你真能夠活在每一個當下，就不會覺得禪公案有那麼難了。公案有很多，我常常喜歡談青蛙，大家聽了之後都捧腹大笑。青蛙是很有意思的生物，牠的坐姿宛如打坐，但牠卻不覺得自己在做什麼特別的事。

　　當你到禪堂打坐時，也許會覺得自己做的是很特別的事。你的丈夫或妻子在睡覺，而你卻來坐禪！你在做很特別的事，你的伴侶卻是個懶骨頭。這也許就是你對禪的理解。但是看看青蛙吧！一隻青蛙的坐姿就像坐禪，但牠卻不會有任何坐禪的觀念。如果有誰打擾牠，牠就會露出鬼臉，如果有什麼昆蟲飛過，牠就會伸出舌頭，「啪」的一聲把昆蟲吃掉。這跟我們的坐禪一樣——沒什麼特別的。

磚塊也能磨成鏡子？

　　我在這裡給各位講一則禪公案。馬祖道一是位很有名的禪師，他的師父是南嶽懷讓禪師①，而南嶽懷讓禪師則是六祖

慧能的弟子。有一次，南嶽禪師經過馬祖禪師住處時，看到他正在坐禪。馬祖禪師是個身材偉岸的人，說話的時候舌頭碰得到鼻子，聲如洪鐘，而他的坐禪工夫想必十分了得。

南嶽禪師看到馬祖禪師像一座大山，或像隻青蛙在打坐，就問他：「你在做什麼？」馬祖禪師答道：「我在坐禪。」「你坐禪為的是什麼？」「為的是開悟，是成佛。」各位知道南嶽禪師接下來幹什麼嗎？他撿起一塊磚，在石頭上磨來磨去。在日本，磚從窯裡取出後也是要經過一道打磨手續，好讓它顯得漂亮。

馬祖禪師對於師父為何要磨磚感到不解，便問道：「師父在做什麼？」南嶽禪師答道：「我要把它磨成鏡子。」馬祖禪師吃驚問道：「磚塊怎麼能夠磨成鏡子？」南嶽禪師回答說：「如果磚塊不能磨成鏡子，坐禪又如何能成佛？你不是想成佛嗎？佛性並不存在於你的平常心之外。當一輛牛車不走，你是要鞭打牛還是鞭打車？」

不管你做什麼，都是坐禪

南嶽禪師的意思是，不管你做什麼，都可以是坐禪。真正的坐禪不只有在禪堂裡。如果你的丈夫或妻子在睡覺，那也可以是坐禪。如果你老想著：「我在這裡打坐，而我的另一半卻在睡覺！」那麼就算你盤著腿在這裡打坐，仍然不是真

正的坐禪。各位應該始終像隻青蛙一樣，那才是真正的坐禪。

談到這則公案時，道元禪師說：「當馬祖成為馬祖，禪就會成為禪。」當馬祖成為馬祖，他的坐禪才會是真正的坐禪，而禪也才會成其為禪。怎樣才叫做「真正的坐禪」？就是當你是你的時候，不管你做什麼，都是坐禪。哪怕你是「躺」在床上，一樣可以是坐禪。反過來說，就算你是在禪堂裡打坐，如果心不在焉，我也懷疑各位是不是真正的自己。

迷失自己，煩惱於焉生起

還有另一則著名的公案。有位山岡禪師②，常常喜歡喊自己名字。他會高喊：「山岡？」然後又自己回答：「有！」「山岡？」「有！」他一個人獨自住在一個小禪堂，不會不知道自己是誰，但他有時卻會迷失自己。每當他迷失自己時，他就會喊道：「山岡？」「有！」

如果我們能像隻青蛙的話，就總會是我們自己。但一隻青蛙也會有迷失自己的時候，這時牠就會哭喪著臉，而當有昆蟲飛過時，牠會快速伸出舌頭，「啪」的一聲把昆蟲捲住，然後吃掉。

所以，我想青蛙經常會喊自己的名字。你也應該這樣做，哪怕在禪堂打坐時，你有時也會迷失了自己。當你昏昏欲

睡，或者當你的心思開始遊蕩，你就會迷失自己。當你覺得腿痠，心裡想著：「我的腿怎麼會這麼痠？」那時你就迷失了自己。

因為迷失了自己，煩惱對你來說就會成為真正的煩惱。當你沒有迷失自己，哪怕你碰到麻煩，都不會覺得它們是什麼煩惱。你只需靜坐在煩惱之中，而當煩惱成為你的一部分，或者當你成為煩惱的一部分，就再也沒有煩惱可言，因為你已成為煩惱自身，那煩惱就是你自身。如果是這樣，就不再有煩惱可言。

與煩惱合而為一

當你成為四周環境的一部分（換句話說，把自己叫回到當下來），就不會有煩惱可言。但是當你的心遊遊蕩蕩，那你四周的環境就不再是真實的，你的心也不再是真實的。如果你只是個幻相，那你四周的一切也會是個霧濛濛的幻相。一旦你身在幻相之中，幻相就會沒完沒了。你會生起一個又一個的虛妄觀念。

大多數的人都活在幻相之中，他們被煩惱捲住，並企圖想要解決煩惱。但活著無可避免地只能活在煩惱中。要解決煩惱就是要成為煩惱的一部分，與煩惱合而為一。

所以你要鞭打哪個？是馬還是車？你要鞭打哪個？是你自

己還是你的煩惱？但你一開始問：「要鞭打哪個？」這個問題，就代表你的心已在四處遊蕩。如果你不問問題而只是確實去鞭打馬，那麼車子就會動起來。事實上，車和馬是一而不是二。當你是你，就不存在要鞭打馬還是鞭打車的問題了。當你是你，坐禪就會是真正的坐禪。

當你坐禪，你的煩惱也會跟著坐禪，萬物也會跟著坐禪。只要你是在坐禪，那麼，即使你的另一半是躺在床上睡覺，他／她也同樣是在坐禪。但是當你沒有真心坐禪的時候，你和你的另一半就會成為相當不同、相當分離的兩造。所以說，只要你是真正在坐禪，那眾生都會是在同一時間修習我們的禪道。

只管做，別問結果

這也是為什麼我們應該經常呼喚自己，查核自己。這點非常重要，這樣的修行應該時時刻刻地持續，毫無間斷。我們說：「黎明夜中來。」這表示，黎明與中夜是沒有縫隙的。在夏天過去之前，秋天就已經來到。我們應該以這種方式來理解人生，我們應該帶著這種理解來修行，帶著這種理解來解決我們的煩惱。

你應該只管磨磚，別管磨的結果，這就是我們的修行。我們修行的目的不是要把磚磨成鏡，帶著這種理解去生活是最

重要不過的事。這就是我們的修行，這就是真正的坐禪，因此，我們才會說：「吃飯時吃飯！」

你知道，你應該吃眼前的食物，有時候你並沒有真正在「吃」。你的嘴巴是在吃東西沒錯，心思卻飄到別處去了，你對嘴裡頭的東西食不知味。你在吃飯時能夠專心吃飯，一切就都順順當當的。不要帶著一絲絲的憂慮吃東西，那表示你就是你自己。

當你成為你，你就會以事物的本然面貌看待它們，與周遭渾然為一。這才是你的真我，這才是真正的修行，是青蛙的修行。

青蛙是我們修行的一個好榜樣——當一隻青蛙成為一隻青蛙，禪就會成為禪。當你把一隻青蛙了解得徹徹底底，就會得到開悟而成佛，而你也會對別人（丈夫或妻子、女兒或兒子）帶來裨益，這就是坐禪！

注釋：

①南嶽懷讓禪師：唐朝人，少喜佛經，十五歲出家，受指點前往參訪六祖慧能，留寶林寺參學，侍奉六祖達十五年。玄宗年間，移駕南嶽衡山般若寺，弘揚佛法，世稱「南嶽懷讓」。

②山岡禪師：即山岡鐵太郎 (1836～1888)，生於江戶，號鐵舟，以劍禪雙修而聞名天下，有許多佳話傳世。其父曾對他訓誡道：「欲達於劍，必先煉心，煉心不如參禪。」使他深有感悟。世稱「山岡鐵舟」。

雪洞
一位西方女性的
悟道之旅

作者／維琪・麥肯基 (Vicki Mackenzie)
譯者／江涵芠
定價／480元

一位西方女性尋求證悟的故事
多次來台弘法的佛教傳奇人物
著有《活在微笑中：回到生命該有的自然》《心湖上的倒影》等經典之作
長年熱銷書，時隔22年全新翻譯！

丹津葩默的勇氣與決心是如此的撼人，她的生命故事啟發了世間成千上萬有志求道的修行者。丹津葩默現為藏傳佛教中位階最高的女性出家眾，創立了道久迦措林尼寺。她真切的心和有力的行動如同一盞明燈，照亮無數修行者的求道之路。

延伸閱讀

曼達拉娃佛母傳
定價／350元

伊喜・措嘉佛母傳
定價／400元

橡樹林全集系列書目

橡樹林好書分享

橡樹林

呼喚蓮花生
── 祈求即滿願之蓮師祈請文集

編譯者／卻札蔣措　定價／550元

中文世界第一本壯麗的蓮師願文大集結！
多篇來自蓮師埋藏的伏藏法！
《我的淨土到了》作者卻札蔣措親自編譯！

揚唐仁波切曾多次說過：「在亂世之中，我們要依靠的就是蓮師。」特別在當今疾疫戰爭的時刻，蓮師的威光就更顯珍貴。依照本書的願文來發願，念誦之中自然轉念為善，只要用虔誠的心來祈請，緣起力量不可思議，果報深廣也不可思量！

歪瓜── 一代禪師鈴木俊隆的平凡與不凡

作者／大衛·查德威克（David Chadwick）
譯者／薛亞冬　定價／760元

在作者的筆下，我們第一次見到古代公案中的禪師變得有血有肉，揚眉瞬目，站在面前，對我們微笑，鼓勵我們從他一生的言行中汲取力量。

本書作者是鈴木俊隆的弟子，擁有鈴木禪師親言教誨的第一手資料，以及同門師兄弟的回憶，還採訪了大量鈴木俊隆的親朋好友，可謂下足功夫，為讀者奉上這本生平傳記，將我們帶進他的生命中，一起見證禪師作為佛子，將生命化作不懈修行的一生。

我們誤解了這個世界
── 高僧與哲人的對話

作者／濟群法師、周國平　定價／380元

西方哲學與東方佛學的精彩碰撞，
引領我們看清事物的本來面目，從迷惑走向覺醒。

本書根據濟群法師與著名學者周國平的六次深度對談整理而成。兩位從各自專研的領域出發，圍繞因緣與因果、命運的可變與不可變、無常與永恆等話題，展開深入的辨析，探討正確認識自己、認識世界、認識人生的智慧與哲思。

龍神卡—— 開啟幸福與豐盛的大門
（38張開運神諭卡+指導手冊+卡牌收藏袋）

作者／大杉日香理（Ohsugi Hikari）　繪者／大野 舞（Denali）
譯者／張筱森　定價／699元

迎接龍年！找龍神當靠山！來自三十八隻日本龍神的強力祝福！
無論是金錢、戀人、工作、人際關係，在全新的一年都會有令你
驚喜的變化！

在日本，龍神自古以來一直是和人們很親近的神祇，時常被雕刻在
神社或寺廟。龍神在神明中負責「結緣」，為我們人生的各個層面
牽起人與人之間的緣分，並成為靈魂成長與發展的後援。透過牌
卡，便能輕鬆得知龍神給予我們的提示與能量。

在故事與故事間穿越
—— 追隨印加薩滿，踏上回家的路

作者／阿光（游湧志）　定價／480元

廣播金鐘得獎主持人帶讀者體驗最原始、精煉的「薩滿」精神！
一起找尋自身最深處的故事！

★本書沒有攻略、路線和景點導覽。有的是一個個你我都會深有同
　感的人生故事！

★上百張作者在南美親自拍攝的照片，包括火山、海底神廟、星際
　之門等聖地。

★掃書中QRcode便可以看到作者在當地探訪的影片！

走過蓮師三大隱密聖境
—— 尼泊爾·基摩礱／錫金·哲孟雄／西藏·貝瑪貴

作者／邱常梵　定價／720元

再次起程！踏上極少人到訪過的蓮師三大隱密聖境！
橫跨尼泊爾努日、印度錫金、印藏邊界，一步一步與蓮師相遇！

書中四百多張珍貴的照片記錄作者在朝聖旅程中與蓮師相遇的過
程，讓讀者彷彿跟著她走過一座又一座的山頭，親歷身體的痠痛與
心靈的富足與信心。所有和蓮師有緣的人，請跟著作者一步一步走
過蓮師授記的三大隱密聖境吧！

佛教繪本故事

不拘年齡！大人小孩皆可閱讀、都「繪」喜歡的佛教故事！

◎融入佛教中助人、慈悲等利他思想。勉勵讀者不畏失敗、跌倒了再爬起來！

◎亞馬遜近五星好評！精選10則《本生經》與最受歡迎的千手觀音故事！

◎學習千手觀音與佛陀的智慧，啟發善的品格與受用一生的道理！

◎融合大自然與動物的精美插畫，增添繽紛色彩，進入想像世界！

慈悲的英雄
千手觀音的故事

作者／哈里·愛因霍恩 (Harry Einhorn)

繪者／柯亞·黎 (Khoa Le)

譯者／李瓊絲　定價／380元

如同英雄一般的觀世音，
也曾因挫折而一蹶不振。
當千手觀音遇到困境，
祂該如何重拾勇氣？

佛陀的前世故事
與大自然、動物
一起學習仁慈、友愛和寬恕

作者／蘿拉·柏吉斯 (Laura Burges)

繪者／索娜莉·卓拉 (Sonali Zohra)

譯者／李瓊絲　定價／600元

什麼？森林中的猴子、
鸚鵡和瞪羚……
都曾是佛陀的前世！

11 空性使你理解一切

了解空性的人卻總是能以事物的本然面貌接受它們。他們
能欣賞一切，不管做什麼，他們都總是能以堅定不移來化
解煩惱。

我今天要帶給各位的訊息是「開發你自己的精神」，這意謂
著你不應在自己之外尋尋覓覓。這是非常重要的一點，也是
禪修的唯一方法。當然，讀經、誦經或打坐都是禪，這類活
動的每一項都應該是禪。但如果你的努力或修行沒有搞對方
向，它就起不了作用。不只不會起作用，甚至可能會反過來
污染你的清淨本性。這樣，你對禪了解得愈多，本性就會被
污染得愈厲害。你的心將會充滿了垃圾。

閃電過後，夜空仍只是夜空

一般來說，我們都喜歡從各種管道蒐集資訊，以為這是增
加知識的方法。但實際上，這種方法到頭來往往讓我們落得
一無所知。我們對佛法的了解不應該只是蒐集資訊、設法增
加知識。與其蒐集一堆知識，你更應該反過來把自己的心清
理乾淨。心一旦清乾淨了，真正的知識就是你已具有的。

如果你以一顆清淨的心來聆聽我們的教法，就會把這些教法當成你本已知道的事情，並接受它們。這就是所謂的空性或全知，也就是無所不知。當你無所不知的時候，你就會像一片夜空。有時會有閃電一下子劃過夜空，但閃電過後，你就忘掉它了，除夜空外不留下什麼。天空從來不會對突然響起的雷聲感到驚訝，當閃電劃過天際，你也許會看到一片奇景，當我們擁有空性，我們就隨時準備好觀看閃電。

如實接受事物的本然面貌

中國的廬山以雲霧繚繞馳名。我沒去過中國，但想必那裡的名山很多，而觀賞白雲或白霧在山間繚繞，想必也十分賞心悅目。但儘管賞心悅目，一首中國的七言絕句卻這樣說道：「廬山煙雨浙江潮，未到千般恨不消，及至到來無一事，廬山煙雨浙江潮。」儘管「及至到來無一事」，但潮浪依然波瀾壯闊。這是我們應該怎樣欣賞事物的方式。

所以，你應該把知識看成你本已知道的事來接受它。但這並不表示你應該把各種資訊當成你自己看法的回聲，而只是說，你不應該對任何看到或聽到的事情感到驚訝。如果你只是把事物當成你自己的回聲，你就沒有真正看見它們，沒有以它們的本然面貌去接受它們。

所以，當我們說「廬山煙雨浙江潮，及至到來無一事」

時，我們並不是拿它與我們看過的山水來比較，然後心想：「有什麼了不起的，我以前就看過類似的景觀」或者「我畫過的山水比它還要美，廬山根本算不了什麼！」這不是我們的方式。如果你準備好如物之所如接受它們，你就會像接受一個老朋友一般，接受它們——儘管是帶著一種新的感受。

我們也不應貯藏知識，而應跳脫知識的羈絆。如果你蒐集各式各樣的知識，這樣的收藏或許很好，但那不是我們的方式，別拿這收藏在別人面前炫耀。我們不該對任何特別的東西感興趣，如果你想充分欣賞某個事物，就得先忘卻自我，像漆黑夜空接受閃電的態度一樣地來接受它。

在空性中，不同語言也能溝通

有時候，我們會以為根本不可能去了解不熟悉的事物，但事實上，沒有任何事物是我們不熟悉的。有人認為：「西方文化與東方文化大異其趣，我們怎麼可能去了解東方思想、了解佛法呢？」佛法當然離不開它的文化背景，但是當一個日本僧人來到美國之後，他就不再是個日本人。

我現在生活在你們的文化背景裡面，跟你們吃幾乎相同的食物，我用你們的語言跟你們溝通。儘管各位也許並不完全了解我，我卻想要了解各位，而且我對各位的了解，說不定比任何能說英語的人還要多。就算我完全不懂英語，我想我

一樣可以跟說英語的人溝通。只要我們是活在絕對漆黑的夜空中，只要是活在空性之中，那互相理解就總是可能的。

只要堅定不移就可以了

我經常說，如果各位想要了解佛法，就必須非常有耐性。但我卻想要找出一個比耐性更貼切的字眼。在日文裡，耐性是「忍」，但「堅定不移」說不定是個更貼切的字眼。「忍」是要花力氣的，但堅定不移卻不用什麼特別的力氣——你只消如實接受事物的本然面貌就行。

對於沒有空性觀念的人來說，這種能力看似為耐性，但在實際上，耐性有時卻是一種不接受的態度。了解空性的人卻總是能以事物的本然面貌接受它們，他們能欣賞一切，不管做什麼，他們都總是能以堅定不移來化解煩惱。

「忍」是開發我們精神的方法，「忍」也是我們持續修行的方法。我們應該總是生活在空寂的天空中，天空總是天空，儘管有時會出現雲朵或閃電，但天空本身是不受打擾的。即使開悟的閃電從天邊劃過，我們也應該把它忘掉。

我們應該為下一個開悟做準備，我們需要的不是一次開悟，而是一次又一次的開悟，如果可能，最好是一剎那又一剎那的開悟。這才是真正的開悟，它既存在於你獲得開悟之後，也存在於你獲得開悟以前。

12 說你想說的話

不要刻意迎合別人，最重要的是如實表達你自己，這樣你
才會快樂，別人也才會快樂。

溝通在禪修中非常重要。我由於無法把英語說得很好，所
以我總是想辦法找出一些能與各位溝通的方法。我相信，這
種努力一定會帶來很好的結果。

我們認為，一個人如果不了解他的師父，就不配稱為弟
子。「了解師父」就是要了解師父本人，當你了解了師父之
後，就會知道他的語言並非一般的語言，而是更廣義的語
言。透過師父的語言，你將可了解比他實際說出來的還要再
多更多的事情。

透過禪修來體驗實相

我們說話時，總牽涉主觀的意向和情境因素，所以完美的
表達是不存在的，任何語句多少總是有所扭曲。然而，我們
仍然必須透過師父的話來明白客觀的事實本身，也就是明白
終極的事實本身。所謂「終極的事實」，指的並非永恆不變的
事實，而是每個當下的事實。你可以稱之為「存在」或是

「實相」。

透過直接經驗可以理解到，實相正是我們禪修的目的，也是我們研究佛法的目的。透過對佛法的研究，你將了解你的本性、心智機能，以及呈現在你各種活動中的真理。但唯有透過禪修，你才可能直接體驗實相，以及明白你師父和佛陀的各種開示的意義。

嚴格來說，實相是不可說的，但儘管如此，身為一名禪弟子，你還是必須努力透過師父的話直接去了解它。

忠於自己，打開自己

師父的直接開示不只存在於他的話語之中，他的行為、舉止都同樣是他表達自己的方式。禪宗很強調行為舉止，但所謂「強調行為舉止」，不是指禪要求你按照某種規矩行事，而是指你應該自然而然地表露你自己。禪道極重視坦率。你應該忠於自己的感受，忠於自己的心，表達自己的想法時，應該毫無保留，這樣子可以讓對方更容易了解你。

聽別人說話時，你應該把所有的成見與主觀意見擺在一邊，就只是聆聽對方說話和觀察他說話的方式，不可以有太多對與錯、善與惡的價值判斷。我們應該只是聆聽和接納，這才是我們與人溝通的正確方式。

但是通常，我們聽別人說話時，都只是聽見自己的回聲，

你聽到的是自己的意見。如果別人的意見與你相合，你就會接受，否則你就會拒絕，甚至沒聽進耳朵裡去，這是溝通經常存在的一種危險。

另一種危險是拘泥於言詞的表面意義。要是你不能了解師父言詞的真義，很容易就會被你自己的主觀意見所蒙蔽，或是被某種特殊的表達方式所蒙蔽。你只會把師父的話當成字詞，而沒有了解字詞背後的精神，這一類危險經常存在。

調整自己的說話方式

父母與子女之所以難以有好的溝通，因為父母總是高高在上。父母的考量幾乎都是出於善意，但說話的方式卻往往不是那麼妥當，而且顯得片面、不切實際。我們每個人都有習慣的表達方式，難以按照環境的不同而有所調整。如果為人父母能夠視情境不同而調整自己的說話方式，那麼在教育子女時就不會有危險，不過，要做到這一點是相當困難的。

哪怕身為禪師，也還是會有一些極為個人色彩的表達方式。例如，當西山禪師斥責弟子時，他習慣說：「你滾！」沒想到有一次，一個弟子竟然把話當真，離寺他去！西山禪師的用意並不是驅逐弟子，那只是他告誡弟子的一種方式，「你滾！」的意義相當於「你要當心！」如果父母有這種習慣的話，子女就很容易產生誤解，這種危險總是存在於人們的

日常生活之中。

因此，一個聆聽者或一個弟子必須把心清理乾淨，以避開各種扭曲的可能。一個充滿既定觀念、主觀考量或習氣滿盈的心，是不會對物的如實之相有所敞開的。這就是為什麼我們要坐禪：把心清理乾淨，除去它與所有事物的關聯。

做自己，才快樂

保持自然並以善解的方式體察別人所說的話或者所做的事，這實在是很困難。如果我們刻意調整自己去迎合別人，就不可能保持自然。不要刻意迎合別人，最重要的是如實表達你自己，這樣你才會快樂，別人也才會快樂。透過禪修，你將獲得這種能力。禪不是某種花俏、特殊的生活藝術，我們的教法只是要人們在最確切的意義下過活，在每一個當下為此努力，這是我們的禪道所在。

嚴格來說，我們唯一能研究的，只是我們在每一個當下所做的事。我們甚至不可能研究佛陀的話語，因為要研究佛陀的話語，我們只能透過每一個當下所面對的活動。

所以，我們應該把全副身心貫注於手邊的事情。我們應該忠於自己，特別是忠於自己的感覺。要是別人說的話讓你不高興，你應該把感覺表達出來，但不必加上任何額外的評論。你可以說：「抱歉，我不高興。」不必再多加一句：

「都是你害的。」你也可以說：「很抱歉，我正在生你的氣。」你無需在生氣時說你並不生氣，你只要說：「我在生氣。」這就夠了。

打坐是最好的溝通

真正的溝通是以彼此的坦率為基礎。禪師都是非常直性子的人，要是你不能透過師父的話直接了解實相，他也許就會對你揮棒子了。他也許會這樣說：「你搞什麼鬼啊！」我們的禪道是很直接的，但事實上這不是真正的禪，也不是我們傳統的方式，只是我們覺得打罵的方式在某些時候會更管用些。

然而，最好的溝通方法也許還是只管打坐，什麼都不說，這樣你就會了解禪的全面意義。如果我對你棍棒相向，直到我迷失了自己或直到你死掉，仍然還是不夠的。最好的方法就是只管打坐。

13 一切作為都是修行

我們在聆聽時應該只是聆聽，不要試圖從偏頗的觀點去理解我們聽到的話，這就是我們談論佛法或聆聽佛法時，應該有的方式。

你愈了解我們的思惟方式，就愈能發現它是難以言說的。我講話的目的是要讓各位對我們的禪道有一些概念，但事實上，禪不是拿來講的，禪是拿來修行的。最好的方式是只管修行，什麼都不說。

坐禪時就只是坐禪

當我們談論我們的禪道時，總是容易造成誤解，因為禪至少是由兩面構成的：消極的一面和積極的一面。如果我們談論積極的一面，就會漏掉消極的一面，如果談消極的一面，就會漏掉積極的一面。我們無法同時談論積極與消極這兩面，所以我們根本不知道從何說起。

佛法幾乎是不可言說的，所以上策就是什麼都別說，只管打坐。伸出一根手指，或畫一個圓圈，又或是叩一個頭，都要比談論更為上乘。

如果我們明白這個道理，就會明白「佛法」該怎麼個談法，而我們也將會得到圓滿的溝通。說話是修行的一種，聆聽也是修行的一種。我們坐禪時應該只是坐禪，不帶有任何計較心理。

同樣地，我們在說話時應該只是說話，不要試圖表達一些知性的、偏頗的觀念。同樣地，我們在聆聽時應該只是聆聽，不要試圖從偏頗的觀點去理解我們聽到的話，這就是我們談論佛法或聆聽佛法時，應該有的方式。

以無定形的心嚴格修行

曹洞宗的禪道包含著雙重意義：積極的一面和消極的一面。我們的道兼含著大乘和小乘。我常常說，我們的修行非常小乘取向。

但實際上，我們的修行是以大乘的精神，來進行小乘的修行——也就是用無定形的心，來進行嚴格的、形式化的修行。儘管我們的修行看起來很形式化，但我們的心卻是不拘一格的。

儘管我們每天早上都會以相同的方式坐禪，但不能因此就說那是一種形式化的修行，所謂的「形式化」或者「非形式化」，完全是分別心的產物。

在修行本身，並沒有形式化或非形式化之分，如果你擁有

一顆大乘的心，那麼一般人認為是屬於形式層面的事，在你來說就是非形式的。所以我們認為，以小乘的方式持戒，在大乘來說不啻是犯戒，如果只是形式性地持戒，就會失去大乘的精神。

修行並無大小乘之別

在弄明白這一點之前，你會一直有個困擾：「到底是應該嚴格遵守戒律的繁文縟節，抑或是可以不拘泥於形式？」只要你完全明白了我們的禪道，就不會再有這種困擾，因為你做的任何事無非都是修行。

只要秉持一顆大乘的心，那麼修行就沒有大乘與小乘的分別。哪怕你的行為看似犯了戒，但你卻是在真切的意義下持守著戒律，重點是，你懷抱的是一顆大心還是小心。

簡單來說，只要做任何事情時都不思善、不思惡，都是傾注你全副身心去做，那麼你就符合我們的禪道了。道元禪師說過：

如果你對某人說什麼而他不贊同，不要嘗試從知性上說服他。不要跟他爭辯，只要聽他的反對意見，讓他自己發現自己錯在哪裡。

這番話非常有意思。不要把觀念強加給別人，而是與對方一起思考。如果你覺得自己贏得了辯論，那一樣是錯誤的態度。試著不要去爭辯，不要有爭勝心理，只是聆聽就好，但我們要是擺出辯輸了的態度，那也是不對的。

當我們提出什麼意見時，常常會想要說服對方，或強迫對方接受。但在禪弟子之間，說話或聆聽時，都不應該有著任何特殊的目的。我們有時聆聽，有時說話，如此而已。那就好比是打招呼：「早安！」透過這一類的溝通，我們就能有所成長。

煩不煩？由你來決定！

什麼都不談也許很好，但我們沒有理由該始終保持沉默。不管我們做什麼，都是修行，都是我們大心的表現。

所以，大心是你要去表現的，不是你要去猜度的。大心是你本自具足的，不是你要去尋覓索求的。大心是透過我們的活動來表現，是我們應該去享受的。能做到這一點，持戒的方式就沒有大乘或小乘的分別。

只有企圖透過嚴格形式化的修行，而獲得一些什麼的時候，你才會產生煩惱。但如果你能把任何煩惱，看作我們大心的表現，加以欣賞的話，煩惱就不再是煩惱。

有時我們的煩惱來自於大心的過於複雜，有時則來自於大

心太過簡單，以致於無法去猜度它。因為當你想要猜度大心是什麼，當你想要簡化複雜的大心時，這對你而言，就變成了一種煩惱。

　　因此，對你的人生來說，一個煩惱是不是真正的煩惱，是取決於你的態度，取決於你了解的深淺。因為真理具有這種雙重或弔詭的性質，所以你想了解真理，就必須保有一顆大乘的心。這樣的心可以透過真切的坐禪而獲得。

14 對死亡的新體會

生與死只是同一件事，明白這點之後，我們將不再恐懼死亡，生命中也不會有實質的煩惱。

如果各位參訪日本的永平寺，進寺前會經過一條名叫「半杓橋」的小橋。當年道元禪師站在橋上打水，他每打起一杓水後，就會把半杓倒回溪中，橋於是得名。

我們在永平寺修行，洗臉時，臉盆只會盛七分滿的水。盥洗過後，我們不會把水往外潑，而是往腳下倒。這種做法不是出於節省之類的觀念，而是為了對水表示尊敬。

道元禪師為什麼要把半杓水倒回河裡，也許令人難以理解，這一類修行本來就是超出我們日常思惟之外。然而，當你感受到溪水的美，感受到與溪水合而為一時，自然而然會做出與道元禪師一樣的事情來，那是我們的真實本性要我們這麼做的。但如果你的真實本性受到效率或節省等觀念所蒙蔽，道元禪師的禪道就會顯得甚難理解了。

觀瀑布也觀人生

我到過優勝美地國家公園，看過那兒的幾個大瀑布。最壯

觀的一條高一千三百四十英尺，水像簾幕一般從山崖頂端傾瀉而下。你或許預期瀑布下墜速度很快，但是從遠處看起來，它比較像是緩緩地向下流動。水也不是成片落下，而是分成很多股細流，但從遠處看卻像一道簾幕。我相信，瀑布的每滴水要從那麼高的地方落下來，一定歷盡險阻，那要花上多長的一段時間啊！

在我看來，我們的人生也是如此，我們一生中都會經歷許多險阻。我想，與此同時，水滴在最原初並不是相互分離的，而是整條河流中的一部分。到後來，只因為這一滴水滴與其他水滴分開了，墜落下來時才碰上了困難，也只因為它與其他水滴分離開來，才開始產生感覺。

當我們看著整條河流時，不會感受到河流是活的，只有當我們把水打在一個杓子裡頭，才會感受到水是有感覺的，也同時感受到使用水的那個人的價值。以這種方式來體會水和我們自己，就不會僅僅把水看成一種物質而已，它是活的東西。

生與死是同一件事

出生以前我們是沒有感覺的，我們與宇宙一體。這種一體性稱為「唯心」、「真如」、「大心」。出生讓我們脫離這種一體性（就像那些從瀑布瀉下而被風或岩石分隔開的水），讓我

們有了七情六欲。你會有煩惱是因為你有七情六欲，你執著於七情六欲而不知道它們是怎樣產生的。

當你不明白自己與河流、與宇宙為一體，就會產生恐懼。但不管有沒有分成一滴一滴，水始終是水。生與死只是同一件事，明白這點之後，我們將不再恐懼死亡，生命中也不再有實質的煩惱。

對生命的全新體驗

當水滴落入河裡，回復它與河流本有的「一如」，就不會再有任何個體的感覺。它歸復到本性，找到了從容自若。回到河裡去的水滴是何等快樂！

如果是這樣，我們死的時候會是什麼感覺呢？我想，我們的感覺就會像河裡的水那般，從容自若，無比地從容自若。但是目前，這種境界對我們來說似乎遙不可及，因為我們仍然非常執著於自己的感覺，執著於自己的個體性的存在。

此刻，我們對死亡仍然感到恐懼，但等到歸復到真實本性，死亡將與涅槃無異，我們之所以常說「涅槃即斷滅」，道理在此。但「斷滅」並不是非常精確的說法，更好的形容應該是「繼續」和「加入」。

你願意試著給死亡更貼切的形容詞嗎？如果你找得到，你就會對生命有一個十分不同於現在的解釋。你得到的新體

驗，將會像我看到大瀑布時的體驗。

想想看，一千三百四十英尺高耶！

「一切皆空」的了悟

我們說：「萬法源於空。」一整條河流或一整顆心就是空。獲得這種了悟，我們就找到了人生的真義。獲得這種了悟，我們就會看出人生的美。在悟得這個道理之前，我們看到的一切無非都只是虛幻。有時我們會高估人生的美，有時卻會低估或忽視人生的美，而這是因為我們的小心與實相不一致的緣故。

說這個道理很容易，想實際去感受它就不容易了。然而，透過坐禪，你可以培養出這種感受。當你傾注全副身心去打坐，坐到身心合一、與萬物合一的境界，就可以輕易達到這種了悟。如此一來，你不會再執著於對生命錯誤的、舊的解釋，日常生活會煥然一新。

當你明白這個道理之後，就會看出你那舊的解釋有多麼荒謬，也看出你花了多少力氣浪費在無意義的追求上頭。你將會找到生命真正的意義，哪怕你的人生還是會像一滴落下瀑布的水滴一樣歷盡險阻，但你卻能享受它。

我們對佛法的了解不應該只是知性上的理解，真正的了解存在於確實的修行本身。

第三部　用心理解

1 坐禪不是爲了開悟

當你相信我們的道路，開悟就存在你心中，如果你正在修行卻無法相信當下修行的意義，那你就什麼都做不成。你只是抱著一顆「猴心」，在目標的四周盪來盪去。

修行中最重要的一件事在於：你身體姿勢和呼吸的方法正不正確？至於你對佛教是不是有深入的理解，並不是我們所在意的。

作為一種哲學，佛法是非常精深、博大和堅固的思想系統，但禪所追求的並不是哲學性的理解。我們強調的是修行，我們應該弄清楚「為什麼打坐姿勢和呼吸方法那麼重要？」重要的不是要對佛教教法有深入了解，而是要對教法有堅強信心，我們的修行是奠基在這種信心之上的。

只要坐禪，開悟就在其中

在達摩還沒有去到中國以前，幾乎所有知名的禪用語都已經出現，「頓悟」就是一個例子。「頓悟」並不是一個完全貼切的翻譯，但我還是會權宜性地使用這個字眼。

「頓悟」指的是開悟的突然而至，而這是一種真正的開悟。

在達摩以前，人們都認為，想要得到「頓悟」，必先要經過一段長時間的準備工夫。所以，禪修被認為是一種獲得開悟的訓練。事實上，今天有許多人仍然帶著這種理解在坐禪，但這並不是禪宗對「頓悟」的傳統理解。

根據佛陀的理解，即使沒有任何準備工夫，只要你開始坐禪，那麼開悟自然就在其中。不管你坐禪與否，佛性都是你本自俱足的。因為你佛性本俱，所以你的修行中自會有開悟。我們強調的並不是達到的境界，而是對我們真實本性的強烈信心和修行的真誠。

我們應該以一如佛陀的真誠來修禪，如果我們本就具有佛性，那我們禪修的理由就是，我們必須要表現得像佛陀一樣。傳承禪修之道就是：將我們從佛陀那裡承襲到的精神傳承下去。因此，我們必須以傳統的方式去調和我們的精神、身體姿勢和活動。當然，說不定你的修行可以到達某種很高的境界，但你修行的動機卻不應該是出於自利心態。

去除了我，就出現了佛

根據傳統佛教的理解，我們的本性是沒有自我的。當我們去除了「我」的觀念，就能夠以佛的眼光來看待人生。「我」的觀念只是迷執，會蒙蔽我們的佛性。但我們總是不斷去製造這個「我」，把這種過程重複又重複，結果是，我們的人生

完全被各種自我中心的觀念所充塞，這樣的人生稱為「業命」。

佛的生命不應該是一種業命，我們修行的目的在於切斷繞著「業」片旋轉的心。如果你刻意追求開悟，就會造出業來，並且為其所驅策，那樣你只是坐在黑色蒲團上浪費你的時間。根據達摩的了解，任何帶有得失心的修行都只是在造業。因為忽略或罔顧這一點，後來許多禪師才會把某些境界定為修行的目標。

把修行當開悟手段，就哪兒也去不成

比追求境界更重要的是：你的修行是不是真誠？是不是做出了正確的努力？想要有正確的努力，就必須對傳統的修行方式有正確的理解。弄明白這一點，你就會了解在坐禪時，保持正確姿勢有多麼重要，不明白這一點，你就會把姿勢與呼吸方式誤當成只是追求開悟的一種手段。

如果我們抱持的是這種態度，那嗑藥會比打坐更快讓你開悟！如果我們的修行只是追求開悟的手段，你就永遠不可能達到開悟！我們在追求目標的過程中失去了走上這條道路的意義。但如果我們堅定相信我們的道路，那你就已經開悟。

當你相信我們的道路，開悟就存在你心中，如果你正在修行卻無法相信當下修行的意義，那你就什麼都做不成。你只

是抱著一顆「猴心」，在目標的四周盪來盪去。如果你想看到什麼，就必須睜開眼睛，如果你不明白達摩的禪法，那麼你就等於是閉著眼睛卻想看到東西。我們並不輕視開悟的觀念，但最重要的是當下，而非未來的某一天。你應該在當下就做出努力，這是我們修行時最需要謹記的事項。

在達摩之前，對佛陀教法的研究發展成為一門博大精深的佛教哲學，而人們也努力想要達到這些教法所揭櫫的崇高理想，但這是個錯誤。達摩發現，創造某種崇高理想，然後試圖透過坐禪去達到這種理想，這是項錯誤之舉。如果這就是坐禪，那麼它無異於我們其他一般性的活動，也無異於猴心，這是達摩強調的重點。

開悟後的佛陀還是要努力修行

在佛陀獲得開悟之前，他為我們試過了五花八門的修行方式，最後終於對各種方式都有了透徹理解。各位也許會以為，當佛陀達到開悟的境界，他就擺脫了業命的羈絆，從此與我們一般人就全然不同了，但事實並非如此。當他的國家與強鄰開戰時，他告訴弟子，看著自己的國家就要被別國征服，他的內心無比痛苦。

如果一個人開悟後可以擺脫業力的話，照理說佛陀應該不會為任何事情而痛苦，然而，他卻還是會感到痛苦。此外，

即使開悟之後，佛陀仍繼續與我們一樣努力於修行，但是開悟卻讓他對生命的觀點變得無可撼動，且穩若磐石。他觀察一切的生命，包括他自己的生命。他以同樣的眼光對待自己、對待他人、對待石頭、對待樹木和其他一切。他擁有了非常科學的理解，這就是他獲得開悟後的生活方式。

如果能秉持禪的傳統精神，修行時摒除任何自我中心思想，我們就會得到真正的開悟。明白這一點，我們就會在每個當下盡最大的努力，這是對佛法的正確了解。所以，我們對佛法的了解並不是知性的理解，我們的了解就是佛法自身的表達，就是修行本身。

唯有透過實際的修行而非透過閱讀哲學或沉思，我們才可能了解佛法是什麼。我們應該持續不斷地禪修，對自己的真實本性保有強烈信念，突破業力鎖鍊的桎梏，在這個世界裡，找到我們的正確定位。

2 接受無常

當你身處煩惱之中，要接受無常的教法就會很容易。既然
如此，為什麼你不在別的時候也接受無常呢？那其實是同
一件事情。

　佛教的基本教法是「無常」，也就是變動不居。對萬物來
說，無常是基本的真理，沒有人可以否認這個真理，而佛教
的一切教法，也可以濃縮在「無常」二字之中。不管我們身
在何處，這個教法都是真的。無常的教法也可以理解為無我
的教法，因為如果任何存在的事物都是變動不居的，那它們
就沒有常住的自性可言。

　事實上，每一件事物的自性無非就是變化本身，這也就是
萬物共有的自性。每一種存在的東西本身並無單獨、分立的
自性可言。這種教法，即稱為「涅槃之教」。當我們了解了萬
物無常這個長住不變的真理，並因此獲得從容自若時，我們
就是身處涅槃之中。

接受無常，你將不再痛苦

　若是不肯接受無常的事實，我們就不會得到完全的從容自

若。可惜的是，這事實雖然是真的，卻是我們難以接受的。因為不肯接受無常的道理，我們就會飽受痛苦。所以，苦的起源在於我們不肯接受這個真理。

因此，「眾生皆苦」之教與「萬法無常」之教乃是一體的兩面。道元禪師說過：「聽起來，沒把任何東西強加於人的道理，就不是真正的道理。」

無常的道理是真的，它不會強加任何東西於人，但出於人的習性，我們會覺得這個道理是把某些東西強加在我們身上。然而，不管我們對無常的觀感是好是壞，它都是個不變的真理。如果眾生不存在，這個真理不會存在。佛教之所以存在，是為了每一個眾生而存在。

我們應該致力在不完美的存在中找到完美的存在，應該致力在不完美中找到完美。對我們來說，全然的完美與不完美沒有什麼不同，永恆之所以存在，是因為有「沒有永恆」的存在。佛法認為，期待得到一些這個世界之外的東西，就不是佛弟子的觀點。

透過煩惱磨難，你將找到真理

我們不該尋覓某些在我們自身之外的東西。我們應該在這個世間找到真理──透過我們的煩惱找到，透過我們的磨難找到，這是佛教的基本教法。快樂無異於煩惱，善無異於

惡，惡即善，善即惡，它們是一體的兩面，所以開悟不在別處，就在修行之中。這才是對修行的正確了解，是對於我們人生的正確了解。

所以，在痛苦中尋找快樂，是我們接受「無常」此一真理的唯一方式。不懂得怎樣接受這個真理，你就無法活在這個世間，想要逃離這個真理，那只是白費力氣。如果你以為有別的方法可以接受無常的真理，那只是癡心妄想。這是人要怎樣活在世間的基本教法，不管你對它的觀感如何，都只有接受一途，你非得付出這種努力不可。

所以，直到我們堅強到能夠接受「煩惱就是快樂」之前，必須把這種努力持續下去。事實上，如果你夠誠實、夠坦率，那要接受這個真理並不是那麼困難，你只消改變一點點思考方式就成。做起來很難，但有時又不是那麼難。如果你正在受苦，那麼你將能從「無常之教」中獲得一些慰藉。

當你身處煩惱之中，要接受無常的教法就會很容易。既然如此，為什麼你不在別的時候也接受無常呢？那其實是同一件事情。有時你會笑你自己，發現自己有多麼自私，但不管你對無常的道理是喜好或者厭惡，都非得改變思考方式去接受它不可。

3 那一下電閃

你是獨立的，我也是獨立的，各自存在於一個不同的剎那。但這並不表示我們是相當不同的存在，我們事實上是同樣的一回事。我們既相同，又相異。

坐禪的目的在於達到身心兩方面的自由。道元禪師認為：「萬物無非是浩瀚表象世界的一下電閃。」每一個事物都不外乎是存在的本質的另一種表現。我們常常可以在清晨時分，看到天空中掛著許多星星。它們原來只是一些以極高速度在宇宙奔馳的光，但看在我們眼裡，卻不像在移動，反而是安靜、穩定、祥和的東西似的。

動與靜其實相同

我們常說：「靜中應有動，動中應有靜。」實際上，「動」與「靜」本來就是同樣的一回事，說「動」或者說「靜」都只是對於同樣的一回事的不同解釋。活動中自有和諧，而有和諧處就有「靜」。這和諧就是存在的本質，但存在的本質不外乎是「存在」的高速活動，沒別的。

當我們打坐到非常靜謐的狀態時，就感覺不到有什麼活動

在我們的「存在」之中進行。因為我們身體系統內部的活動達到完全的和諧，我們才會感受到平靜。即便我們感覺不到，但是存在的本質就在其中，所以我們用不著為該靜還是該動的問題傷腦筋。

當你從事某個活動，只要你的心能夠專注，且保有信心，那麼，你心靈狀態的本質就是活動的本身了。當你專注於你存在的本質，你就為活動做好了預備工夫，活動不外乎就是我們存在的本質。當我們坐禪，靜謐的本質就是存在的大活動本身的本質。

你我只是剎那間的存在

「萬物無非是浩瀚表象世界的一下電閃」，意思就是說，你的活動和你的存在都是自由的。哪怕你只是短暫的存在，但只要以正確的方式打坐，並懷抱正確的理解，你就會獲得你存在的自由。

在這個剎那，短暫的存在不會改變、不會移動，且總是獨立於其他的存在之外。在下一剎那，其他的存在就會生起，而你也可能會轉變成其他形相。嚴格來說，昨天的你和當下這個你是沒有關聯性的，一切與一切都是沒有關聯性的。

道元禪師說得好：「木炭不會變為灰燼。」灰燼就是灰燼，灰燼不是從木炭來的。木炭與灰燼都有自己的過去與未

來，都是一種獨立的存在，因為它們都是浩瀚表象世界的一下電閃。木炭與熊熊火焰則是相當不同的存在，黑色的木炭同樣是浩瀚表象世界的一下電閃。只要是黑色的木炭，就不會是火紅的木炭，所以黑木炭是獨立於燒紅的木炭之外，而灰燼又是獨立於木炭之外，每個存在都是各自獨立的。

我們都擁有存在的自由

今天我在洛斯拉圖斯打坐，明天我會在舊金山打坐，洛斯拉圖斯的那個「我」和舊金山的那個「我」並沒有關聯性，這兩個「我」都是相當不同的存在。我們會擁有存在的自由，道理也就在這裡。

事實上，各位與我也是沒有關聯性的。你是獨立的，我也是獨立的，各自存在於一個不同的剎那，但這並不表示我們是相當不同的存在，我們事實上是同樣的一回事。我們既相同，又相異。這非常弔詭，但事實就是如此。因為我們是獨立的存在，所以各自都是浩瀚表象世界的一下電閃。

當我打坐時，其他人不復存在，但這並不表示我對各位故意忽視不理。這是因為，我打坐時是跟表象世界的萬物完全同一的。當我打坐時，各位也在打坐，萬物也在打坐，這就是我們的坐禪。

當各位坐禪時，萬物也與各位一道坐禪。萬物會共同構成

你存在的本質，我會成為你的一部分，我會進入你存在的本質。所以在禪修中，我們擁有獨立於一切之外的絕對自由。明白了這個祕密，你就知道，禪修無異於日常生活，你可以隨自己高興來解釋一切。

一幅傑出的畫作是你手指觸感的結果。如果你感受得到毛筆尖上的墨水濃度，那麼在你下筆前就已經把畫「畫好了」。在你把毛筆沾上墨汁的時候，除非你已經知道繪畫的結果，否則你是什麼都畫不出來的。所以當你做什麼之前，「存在」就已經在其中，結果也已經在其中。

哪怕你看起來是靜靜地打坐，但你的所有活動（包括過去與現在的活動）都已經在其中，而打坐的結果也已經在其中。你根本不是一動不動，所有的活動盡在你之中，那就是你的存在。所以，你所有的修行結果都是盡在你的打坐之中。這是我們的修行之道，是我們的坐禪之道。

當你脫落了身與心……

道元禪師對佛法產生興趣，始於兒時在母親的靈堂看到香火縷縷上升，令他感悟到生命的無常。這種感覺愈來愈強烈，最終讓他得到開悟，並發展出一套精深的哲學。當他看到香火縷縷上升、感悟到生命的無常時，他感受到極端的孤獨。這種孤獨感愈來愈強烈，並終於在他二十八歲那年開花

結果。

在開悟的那一剎那，他歡呼說：「無身亦無心！」而當他說出「無身亦無心」這句話時，那一剎那間，他的存在變成了浩瀚表象世界的一下電閃——「包含一切、覆蓋一切」的一下電閃。這其中包含著巨大的本質，整個表象世界都被包含在裡面，成為一個絕對獨立的存在，這就是他的開悟。

從始於生命無常的孤獨感出發，道元禪師得到了對存在本質的強烈體驗，他說：「我脫落了身與心。」因為你認為你有身或心，才會有孤獨之感，如果你明白一切都只是浩瀚宇宙的一下電閃，你就會變得非常堅強，而你的存在也會變得非常有意義。這就是道元禪師的了悟，也正是我們的修行之道。

4 順應自然

「柔軟心」就是一顆柔順、自然的心。如果你能有這樣的心，就能享受生命的歡樂。如果你失去它，就會失去一切。儘管你自以為擁有什麼，實際上你一無所有。

對於「自然」這個觀念，人們常常有一個很大的誤解。大多數來我們這裡禪修的人都相信，人應該順乎自然，但他們對自然的了解，卻是我們所謂的「外道自然」。

外道自然認為，所謂的「自然」，應該就是不講形式，愛怎麼樣就怎麼樣。這是多數人的自然觀，但我們對自然的了解卻與此有別。

自然是某種獨立於一切的感覺

我們的觀點很難解釋，但簡單來說，自然就是某種獨立於一切的感覺，是某種奠基於「無」的活動。來自「無」的東西就是自然，從土地裡發芽長出來的植物就是一個例子。

種子並沒有「要長成為一棵植物」的觀念，但種子卻擁有自己的形相，且與土地以及四周環境處於完全和諧的狀態。隨著生長，假以時日，種子就會把自己的本性表現出來。沒

有存在的東西就沒有色與相，所以不管什麼東西都會有它的色與相，而這色與相是與其他的存在的事物完全和諧的。這麼一來，就不會有煩惱可言，這就是我們所謂的「自然」。

餓了就吃，累了就睡

植物或石頭要順其自然完全不成問題，但人們要順其自然卻不容易，而且是大大的不容易。要想達到自然，我們需要付出努力。當你所做的事是來自「無」，你就會有一種新鮮感。例如，當你餓了，吃東西是自然的，你也會覺得很自然。但如果你吃得太多，那麼吃東西就是不自然的，你也不會有新鮮感，你會無法欣賞食物的美味。

真正的坐禪就好像口渴時喝水，而感到疲倦時，小睡一下也是很自然的。但如果你是因為懶惰而睡覺，因為覺得那是一種特權而睡覺，那就是不自然的。你會這樣想：「我所有的朋友都跑去小睡一下，為什麼我不去睡？既然大家都不工作，為什麼我要賣力工作？大家都有那麼多錢，為什麼我不能有多一點的錢？」這不是自然。

因為你的心被某些別的觀念或別人的觀念給糾纏住了，你不是獨立的，你不是你自己，也因此那不是自然。哪怕你盤腿而坐，但只要你的坐禪不是自然的，就不是真正地在修行。口渴時，你不用強迫自己，你自然就會去喝水了，因為

這時候喝水對你來說是愉快的。

如果你在坐禪時感到喜樂，那才是真正的坐禪。不過即使你得勉強自己才會坐禪，但只要你在其中感到受益，那也是坐禪。事實上，你是不是勉強自己並不重要，即是修行中碰到困難，但只要你想要坐禪，那就是自然。

讓心保持在「無」的狀態

這種自然性很難解釋，但如果你能夠只管打坐，並在修行中體驗「無」的真實性，那就沒有什麼需要解釋的了。不管你做什麼，只要那是從「無」所出，就都會是真切的活動。

你會從中感受到修行的真正樂趣，從中感受到人生的真正樂趣。一剎那接著一剎那，眾生從「無」而來，一剎那接著一剎那，我們得以享受生命真正的樂趣，所以，佛家才會說：「真空妙有。」這句話的意思是，奇妙的萬有都是從真實的空性而來。

沒有「無」就沒有自然，就沒有真正的存在，真正的存在是從「無」而來──一剎那接著一剎那地來。「無」總是在那裡，萬物從中湧現。但是通常，我們都會忘了「無」這回事，行為舉止就像是我們擁有了「有」。

但如此一來，你做的事就會是奠基於一些這樣的具體觀念，因而並不自然。例如，當你在聽講時，不應該有任何自

我的觀念。你要忘掉自己的想法，只是聆聽對方說話。讓你的心保持「無」的狀態，就是自然，這樣你才會明白對方所說的話。

反過來說，如果你用某些觀念去跟對方說的話做比較，你就不會全部都聽進去。你的了解會是片面的，而這就不是自然的了。你做任何事情時，都應該全心投入，你應該完全奉獻自己，這樣你就會得到「無」。所以，如果在你的活動中沒有空性，它就是不自然的。

要有柔軟心，先丟開一切成見

大多數人都會堅持某些觀念。最近年輕一代開口閉口都是愛情。「愛情！愛情！愛情！」他們滿腦子都是愛情。如果他們來學禪而我講的話不符合他們的愛情觀念，他們就會拒絕接受。他們頑固得讓人傻眼！

當然，不是所有的年輕人都是這樣，但他們當中有一部分人的態度真的是非常、非常死硬，這一點都不自然。哪怕他們大談愛情、自由或自然，他們一點都不了解這些東西是什麼，他們也不可能了解何謂「禪」。如果你想了解禪，就應該丟掉你的一切成見，只管坐禪，看看在修行的過程中會體驗到什麼，這就是自然。

不管你從事什麼活動，這種態度都是必要的。有時候我們

會把這樣的態度稱為「柔軟心」。「柔軟心」就是一顆柔順、自然的心。如果你能有這樣的心，就能享受生命的歡樂。如果你失去它，就會失去一切。儘管你自以為擁有什麼，實際上你一無所有。但如果你所做的一切都是出自「無」，你就會擁有一切。

　　明白這道理嗎？這就是我們所謂的「自然」。

5 專注於「無」

如果你刻意去追尋自由，就不會找得到自由。在得到絕對
的自由之前，你必須先擁有絕對的自由，這就是我們的修
行。

想要了解佛法，你必須先忘掉所有先入之見。

首先，你必須拋棄實體或實有的觀念。我們對生命的一般
見解，都是深植於實有的觀念。大多數人都相信，一切都是
實有的，並且認為他們看到或聽到的都是實有的。

無疑地，我們看到的鳥兒或聽到的鳥叫聲確實存在，然
而，我所說的「確實存在」與各位所說的「實有」意思不完
全相同。

生命是既存在又不存在？

佛法認為，生命是既存在又不存在。所以，那隻鳥是既存
在又不存在。單單認為生命是實有的觀點，對佛教來說是一
種外道觀點。

何謂「外道」？就是當你把一切視為實有，以為它們具有
實體性和不變性，那你就不是佛弟子。就此而言，大部分的

人都不是佛弟子。

找出自己的道路

真實的存在來自於空性，而且會歸復於空性，從空性中出現的存在才是真實的存在，我們必須穿過空性之門。這種存在的觀念很難解釋，在今日，很多人開始感覺到現代世界充滿了空虛，或感覺到他們的文化自相矛盾。

反觀過去，日本人卻相信他們的文化和傳統生活方式是永恆的存在，直到後來輸掉戰爭，他們才變得非常憤世嫉俗。有些人認為這種憤世嫉俗是很要不得的，但我認為這種新的態度要比舊的態度還更勝一籌。

只要我們對未來有某種確定的觀念或期望，我們就無法以真正認真的態度面對當下。我們常說：「這件事情我明天（或明年）再來做吧！」我們說這樣的話，是因為相信存在於今天的東西會繼續存在於明天。

即使你沒有賣力，你仍然會預期，只要隨既定的道路向前走，某種結果就會自然來到。但根本沒有某條固定的道路是永遠存在的。

你在一剎那接著一剎那時，都得找出自己的道路。某些由別人設定的完美理想或完美道路，並不是我們自己的真正的道路。

了解自己，就能了解一切

　　我們每一個人都必須開拓出屬於自己的真正的道路，一旦做到了這一點，我們開拓出的道路，就會是一條遍通一切的道路。

　　這話聽起來很玄。當你把一件事情徹底弄明白之後，你就會了解一切，但如果你試圖了解一切，這樣反而什麼都不會了解。最好的方法是先了解你自己，了解自己之後，你就會了解一切。

　　所以，當你努力開拓自己的道路時，就能夠幫助他人，也會得到他人的幫助。開拓出自己的道路之前，你幫不上任何人的忙，也沒有任何人可以幫得上你的忙。

　　想要獲得這種真正的獨立，我們必須忘掉一切既有想法，一剎那接著一剎那去發現一些相當新穎，而且相當不同的東西。這是我們活在世間應有的方式，所以我們說，真正的了解來自於空性。

　　研究佛法之前，你應該對自己的心來一次大掃除。你必須把所有東西從房間裡搬出來，把房間徹底清掃一遍。如果有必要，把房間打掃乾淨之後，你可以把所有東西再搬回去。你也許用得著許多東西，所以不妨把它們一件件放回去。但如果其中有用不著的東西，那就沒有保留的必要，否則的話，你的房間就會堆滿破舊、沒用的垃圾。

向東一里就是向西一里？

　　我們說：「一步接一步，我停息了小溪喃喃的水流聲。」當你沿著小溪而行，自然會聽到水流聲。水聲是連續不斷的，但只要你想要讓水聲停息下來，就必然可以做到。這就是自由，這就是斷念。

　　一個又一個雜念會在你心裡生起，但只要你想要將之停息，就一定可以做得到。當你能夠停息小溪喃喃的水流聲，你就能充分欣賞周遭的事物，但只要你還被一些成見或習性困住，就無法如實地以萬物的本然面貌去欣賞它們。

　　如果你刻意去追尋自由，就不會找得到自由。在得到絕對的自由之前，你必須先擁有絕對的自由，這就是我們的修行。我們的道並不總是朝著同一個方向，我們有時會走向東，有時會走向西。

　　向西走一里就意謂著向東走一里。一般來說，向東走一里和向西走一里是相反的事，然而，如果你能夠向東走一里，就表示你也能夠向西走一里。這就是自由。沒有這種自由，你就無法專注於手邊的工作。

　　也許你以為自己專注，但沒有這種自由，你做事時就會有某種不自在之感。因為你受到向東走或向西走的觀念束縛住了，你的活動就變成是二元性的，而只要你被二元性給困

住，你就無法獲得真正的自由，你也就無法專注。

該不該專注呼吸？

專注不是死命盯住一樣東西。坐禪時，如果你使勁觀看一個點，那大概五分鐘就會覺得累，這不是專注。專注意謂著自由，所以你的努力應該不指向些什麼，你應該專注於「無」。

沒錯，我們是說過，坐禪時應該專注於呼吸，但我們這樣說，只是為了讓你可以透過專注於呼吸而忘掉自己的一切——而如果你忘掉自己，你就會專注於呼吸。

我不知道兩者孰先孰後，所以嚴格來說，沒必要太使勁專注於呼吸，順其自然就好了，能做多少做多少。只要你持續修行，早晚便能體驗到那來自空性的真實存在。

6 當下的一念又一念

心的念茲在茲就是智慧，所以智慧可以是各種不同的哲學或教法。但我們不應該執著於特定的智慧——例如佛陀所教給我們的那些。

在《心經》中，最重要的觀念當然是空性。在尚未了解空性的觀念之前，一切在我們看來都是實有，都具有實體性。但我們了解到事物的空性以後，一切就會變得真實——但不是實有。

了解到一切都只是空性的一部分，我們就不會執著於任何實有，我們會了解，一切都只是權宜性的色相。

《心經》教人從苦中解脫

大多數的人第一次聽到一切都只是「權宜性」存在之說，不免為此感到沮喪，但這種沮喪是來自於對人與自然的一個錯誤觀點。我們之所以沮喪，那是因為我們對事物的想法深植於自我中心的觀念。但是，當我們對空性的真理有了確切的了解，就不會再感到痛苦。《心經》說：

觀自在菩薩照見五蘊①皆空，度一切厄苦。

換句話說，菩薩不是在體會了五蘊皆空之後才克服苦的。體會這個事實的本身，就是從苦中解脫。所以，體會這個真理就是解脫本身。雖然我用「體會」一詞，但這個真理的體會總是伸手可及。我們不是經過坐禪才體會這個真理，即使在坐禪之前，體會就已經存在了。

我們也不是了解這真理以後才達到開悟。了解這真理不外乎就是活著——活在當下，活在此時此地。所以這不是一件與理解或修行有關的事，它是一個終極的事實。在《心經》中，佛陀只是要指出這個我們一刻接著一刻都在面對的終極事實。這是非常重要的一點，這就是達摩教導的坐禪。哪怕是在修行以前，開悟就已存在了。

但是，我們通常都把坐禪和開悟視為兩件事：把坐禪當成一副眼鏡，以為把這副眼鏡戴上，就可以看見開悟，這是錯誤的理解。眼鏡本身就是開悟，把眼鏡戴上也是開悟。所以，不管你做什麼或者什麼都不做，開悟都已經在其中，也總是在其中，這是達摩對開悟的理解。

無心的修行才是真正的修行

如果你刻意去修行，你就不是在做真正的修行，但如果你

沒有刻意去修行，那麼開悟自在其中，而你做的事也就是真正的修行。

當你刻意去坐禪，就會創造出「你」或「我」這樣的具體觀念，也會對坐禪產生某些定見。如此一來，你就會把自己和坐禪分成兩邊，你在其中一邊，坐禪在另外一邊。這樣，你與坐禪就會變成兩回事。

當你能把自己與坐禪合而為一，那就會是青蛙的坐禪。我們常以為，青蛙坐著的時候才是坐禪，跳躍時就不是坐禪，這是個誤解。如果你明白「空性」意謂的是一切總在當下，那樣的誤解就會消失。

整體的存在並不是萬物的總和，整體存在是不能切割為一部分、一部分的，它總是在當下，也總是在作用，明白這個道理就是開悟了。所以實際上，沒有特定的修行是真正的修行。《心經》上說：「無眼、無耳、無鼻、無舌、無身、無心……」這個「無心」就是禪心，一切無不包含在其中。

用正念來坐禪

思惟或觀察事物時，我們應該心無罣礙。我們應該如實地以萬物的本然面貌接受它們，一點也不用勉強。我們的心應該夠柔軟、夠敞開，以便能夠理解事物的實相。

當我們的思惟夠柔軟，就稱為「泰然之思」，這樣的思惟總

是穩定的，這就是「正念」。散亂的思惟並非真正的思惟，我們的思惟應該保持專注，這就是「念」。不管有沒有一個對象，你的心都應該穩定而不散亂，這就是坐禪。

所以，沒有必要費勁去以某種特定的方式思考，你的思考不應該是偏向一邊的。我們只應該用整個心來思惟，不費力氣地以萬物本然面貌來看待它們。就只是去看，就只是準備好用整個心去看，這就是種禪修。

如果我們能夠隨時準備好去思考，就用不著花力氣去思考。這種預備好的心靈狀態稱為「正念」，正念同時也就是智慧，但是，我們所說的「智慧」並不是指某種特殊的心智官能或哲學。心的念茲在茲就是智慧，所以智慧可以是各種不同的哲學或教法。

但我們不應該執著於特定的智慧──例如佛陀所教給我們的那些。智慧不是某種學習得來的東西。智慧是從你的「念」生發出來的。所以重點是，準備好觀物，準備好思惟。這被稱為心的空性，而空性又不外乎是坐禪的修行。

注釋：

①五蘊：「蘊」為積聚之意，佛教稱構成人或其他眾生的五種聚集成分是「五蘊」，即色、受、想、行、識。除色蘊之外，其餘皆屬精神層面。「色」指組成身體的物質，「受」指感覺，「想」指概念，「行」指意志的作用，「識」指認識，分別作用。

7 相信「無中生有」

如果能夠把開悟放在你的修行或思考前面，你的修行或思考就不會是自我中心。我所謂的「開悟」，意思是相信「無」……。

我發現，去相信「無」是絕對必要的。也就是說，我們必須要去相信某種無色無相的東西——某種存在於任何色與相出現之前的東西。這是很重要的一點，不管你信仰的是什麼樣的神祇或教義，如果你執著於它們，你的信仰就會是以自利為出發點。

你之所以努力追求信仰上的完美，只是為了自我救贖。但實現這個完美境界是需要一些時間的，你會陷入一種理想主義化的修行，因為不斷地追求並實現你的理想，你就沒有多餘的時間可以讓自己從容自若。但如果你總是準備好把一切看成是從「無」顯現，知道是什麼樣的理由讓某一種形相得以存在，那麼，你將可獲得完全的從容自若。

頭痛沒什麼大不了！

人會頭痛，總是有理由的，如果知道自己為什麼會頭痛，

你就會好過一點。但如果你不知道原因，或許就會這樣想：
「唉，我頭痛得要命！說不定是我修行不力的緣故。如果我打
坐勤快一點，說不定就不會有這種困擾！」如果你這樣理解
事情，你就會對你自己、對你的修行失去完全的信仰。你會
拚命修行，想要達到完美境界，這樣一來，我只怕你會因為
太忙碌而無時無刻不在頭痛！這是相當愚蠢的修行方式。

這樣的修行並不管用，但如果你相信有某些東西存在於你
頭痛之前，而且知道你頭痛的原因，就自然會好過些。頭痛
沒有什麼大不了，因為頭痛表示你的身體還正常得足以發出
警訊。如果你有胃痛，就表示你的胃還算功能正常。反過來
說，如果你的胃對於這種可憐兮兮的狀態習以為常，你也不
再覺得痛，那才可怕！長此以往，你的小命就會因為胃疾而
斷送。

別被信仰綑綁

所以，每個人都絕對有必要相信「無」。但我說的「無」不
是指虛無，這「無」是某種東西，是某種隨時準備好披上特
定形相的東西，而在其活動中具有某些規則、理論或是真
理。這樣的「無」就是佛性，就是佛本身。

當這樣的存在被人格化時，我們稱之為「佛」；把它理解
為終極真理時，我們稱之為「法」；當我們接受這個真理，

並把自己視為佛的一部分來行事時，我們稱自己為「僧」。儘管有三種佛相，但它們是同一個存在，無色無相，隨時準備好要披上特殊的色相。

這不只是理論，也不只是佛教的教法，而是對我們人生絕對必要的理解。沒有這種理解，我們所信仰的宗教就幫不上我們的忙。我們會反過來被信仰所綑綁，產生更多的煩惱。如果各位成了佛教的囚徒，我也許會很高興，但各位自己就不會高興了。所以這種了解是非常、非常重要的。

你相信自己就是佛嗎？

坐禪時，你也許會聽到雨水打在屋頂上的聲音。稍後，美妙的雲霧會升起，繚繞於一棵棵大樹之間；再稍後，人們會出門工作，抬眼看見美麗的山脈。但某些人清晨躺在床上聽到雨聲時卻會覺得不高興，那是因為他們不知道再過一會兒，他們將可看到美麗的太陽從東邊升起。

如果你的心思專注在自己身上，你就會有這種憂慮。但如果你相信自己是真理，是佛性的體現者，那就沒有什麼好憂慮的。你會這樣想：「現在在下雨，但不知道下一刻會是什麼光景。到我們要出門時，說不定又是晴光麗日，也說不定狂風暴雨。既然我們不知道接下來會發生什麼，此刻，就讓我們去欣賞雨聲吧！」

這種態度才是正確的態度。如果你了解到，自己只是真理的暫時體現者，就不會再有任何煩惱。你會欣賞周遭的環境，會把自己視為佛的偉大活動的一部分。這就是我們的生活方式。

先「開悟」吧！

　　用佛家用語來說，我們應該始自開悟，進而修行，再進而思考。我們的思考通常都很自我中心，在日常生活中，我們的思考百分之九十九都是自我中心的。「為什麼我要受這種苦？為什麼我要碰到這種麻煩？」我們想事情的方式，百分之九十九都是如此。

　　例如，當我們開始研究科學或讀一本深奧難懂的佛經時，很快就會感到困倦，但對這一類自我中心的思想卻興致勃勃，樂此不疲！然而，如果能夠把開悟放在你的修行或思考前面，你的修行或思考就不會是自我中心。

　　我所謂的「開悟」，意思是相信「無」，相信有某些東西是無色、無相，而又隨時準備好要披上色和相的。這是不可動搖的真理，我們的活動、思想、修行都應該以這個本源的真理為基礎。

8 萬物本一體

我們通常都會想，「他愚蠢而我聰明」或者是「我從前愚蠢而現在聰明」，如果我們愚蠢的話，那又怎麼會是聰明的呢？

道元禪師曾說：「即使是午夜，黎明就在其中；即使黎明來到，午夜就在其中。」這一類的開示，從佛陀傳到佛教各祖，從各祖傳到道元，再傳到我們。午夜與白天並無不同，它們是同一件事，有時被稱為午夜，有時被稱為白天。但不論怎樣稱呼，它們還是同樣的一回事。

禪修就是生活，生活就是禪修

禪修與日常生活也是同樣的一回事，禪修就是日常生活，日常生活就是禪修。但我們通常會想：「坐禪的時間結束了，我們要回到日常生活去了。」這不是正確的理解，因為它們是同樣的一回事，我們無處可逃。所以動中應該有靜，靜中應該有動，動與靜無異。

每個存在都依賴另一個存在，嚴格來說，沒有分離的個體性存在。有些佛教宗派很強調萬物的一體性，但我們的禪道

並非如此，我們不強烈任何特定的東西，哪怕是一體性也不強調。

「一」是寶貴的，但「多」同樣是奇妙的，無視於多樣性而強調絕對的一體性乃是偏頗的理解。在這種理解中，「一」與「多」之間存在著一道鴻溝。但「一」與「多」是同樣的一回事，所以我們應該在每個個體中欣賞其一體性，這也是為什麼我們要強調日常生活的重要性更甚於某種心靈狀態。我們應該在每一個當下、每一個形相裡找到實相。這是非常重要的一點。

愛與恨實為一體

道元禪師說過：「儘管萬物皆有佛性，我們卻愛花朵而不喜歡野草。」這是人性的本然。但執著於某種美好的東西同樣是佛的活動，不喜歡野草也同樣是佛的活動，這是我們應該明白的。如果我們明白這個道理，那麼執著於一些什麼也就沒啥不妥。如果那是佛的執著，那就是無執。所以，在愛中應該有恨——或曰無執，在恨中應該有愛——或曰接納。

愛與恨是同樣的一回事。我們不應該單獨執著於愛，我們也應該要接納恨。不管我們對野草觀感如何，我們仍然應該接納野草，如果你不喜歡它，你大可不必去愛它，如果你愛它，那你就去愛它。

各位常常會批評自己對周遭的人事物不盡公平，各位批評的是你們自己不接納的態度。但我們禪道所謂的「接納」和各位所理解的接納不同。人們總是這麼教我們：日與夜無異，你和我無異，這表示萬物為一。但我們連這種一體性都不會去強調。如果萬物是一，那就根本沒有需要去強調一。

智者即蠢才，蠢才即智者

　　道元禪師說：「學習什麼就是為了了解你自己，研究佛法就是為了研究你自己。」學習什麼不是為了獲得某些你原先不知道的知識，你在還沒有學習那些知識之前，你就已經知道了。學習什麼以前的那個「我」和學到什麼以後的那個「我」是沒有鴻溝的，愚與智之間也沒有鴻溝。一個蠢才就是一個智者，一個智者就是一個蠢才。但我們通常都會想，「他愚蠢而我聰明」或者是「我從前愚蠢而現在聰明」，如果我們愚蠢的話，那又怎麼會是聰明的呢？

　　但從佛陀傳下來的智慧卻告訴我們，智者與愚者並沒有任何的分別。確實是如此，但如果我這樣說，人們也許認為我是在強調一體性，實則非也！

　　我們不強調任何事，我們想做的只是去知道事物的實相，如果我們知道了事物的實相，就沒有什麼好側重的。沒有方法可以讓我們抓住事物，也沒有事物是我們好抓住的，我們

不能強調任何事情。然而，誠如道元禪師所說：「雖然我們愛花朵，花朵還是會謝；雖然我們不愛野草，野草還是會長。」即便如此，這還是我們的人生。我們應該以這種方式來理解人生，這樣就不會生出煩惱。

煩惱都是你自找的

我們會有煩惱，是因為我們老是強調一些特定的面向。我們應以萬物的本然面貌接納它們，這是我們理解世界、活在世界裡的應有方式。這一類的經驗是超越思惟的，在思惟的領域中，「一」與「多」是有分別的，但在實際經驗裡，「一」與「多」是同樣的一回事。因為你創造了一與多的觀念，你就被這些觀念所束縛，而你也不得不繼續用這些觀念沒完沒了地思考，儘管你根本沒有思考的必要。

生而為人就難免會有許多煩惱，但這些煩惱實際上並不是煩惱。這些煩惱是被創造出來的，是我們那些自我中心的觀念放大而成的。因為我們放大了什麼，煩惱就由此而生。但實際上，我們沒有必要強調任何特定的東西。快樂就是悲傷，悲傷就是快樂，快樂中有煩惱，煩惱中有快樂。儘管我們有不同的感受，但它們事實上並無不同，在本質上，它們是同一的，這才是佛陀傳下來的真正的理解。

9 安靜地坐禪

坐禪的時候，你的心會完全靜下來，感受不到任何東西，
你只是坐著。但你從打坐中得到的靜，卻會在你的日常生
活中發揮激勵作用。

有兩句禪詩是這樣說的：「風停見花落，鳥鳴覺山靜。」
在有事情發生於「靜」中之前，我們不會感覺得到靜的本
身。只有當事情發生了，我們才會意識到靜中的靜。

日本俗諺也有這麼兩句：「有雲見月，有風見花。」當月
的一部分被雲朵遮住，我們才會感覺得到月有多麼明亮，若
不是透過其他東西的襯托，我們不會意識到月有多圓。

一株野草就是一座寶庫

坐禪的時候，你的心會完全靜下來，感受不到任何東西，
你只是坐著。但你從打坐中得到的靜，卻會在你的日常生活
中發揮激勵作用。

所以，你不只會在打坐時感受到禪的價值，在日常生活中
也會感受得到。但這不表示你可以忽略坐禪，哪怕你打坐時
感受不到什麼，但要是你沒有坐禪的體驗，那麼在日常生活

中，你也就不會找到什麼。你只會找到野草、樹木或雲朵，而看不見月亮。但是對學禪者而言，一株在別人看來毫無價值的野草就是一座寶庫。抱持這種態度，不管你做什麼，生活都會是藝術。

坐禪時，你不應該企圖獲得些什麼，你應該只是單純地靜心打坐，不依賴些什麼。保持身體挺直，不要挨著或靠著什麼東西。保持身體挺直的意思是，你不依靠著任何東西。就是這樣，身、心兩方面都不依賴任何東西，你就會獲得完全的靜。相反地，要是坐禪時依靠著什麼或想要達到些什麼，那麼你的坐禪就是二元性的，無法得到完全的靜。

努力的意義在於努力本身

日常生活中，我們總是想要完成些什麼，想要把一個東西轉化成為另一個東西，或者想要獲得某些東西，這種企圖本身也是我們真實本性的一種表現。但努力的意義，應該是在於努力本身，我們應該在達到一些什麼之前，就先了解努力的意義。所以，道元禪師才會說：「我們應該在獲得開悟前，先獲得開悟。」

我們不是在開悟之後才了解開悟的，努力把事情做好的本身就是開悟。當我們深深陷入煩惱或沮喪時，開悟就在其中。當我們身處逆境時，應該從容自若。我們通常都覺得生

命的無常讓人難以釋懷，但也只有在生命的無常中，我們才可以找到永恆生命的歡樂。

抱持著這種理解，持之以恆地修行，你就可以日益改善自己。但如果你企圖達成什麼卻又沒有這種了解的話，你的修行就不會有效果。你會在拚命追求目標的過程中迷失了自己，你會一無所成，讓自己繼續在煩惱中受苦。但有了正確的了解，你就會有所進展。那麼，不管你做什麼，都會奠基於你最內在的本性，而成績也會一點一滴累積出來。

哪個較為重要呢？是獲得開悟，還是在獲得開悟之前先獲得開悟？是賺一百萬，還是在一點一滴的努力中享受你的生命（哪怕你不可能賺到一百萬）？是當個成功的人，還是在你追求成功的努力中找出努力本身的意義？如果你不知道答案，那你連練習坐禪都還不能，如果你知道答案，那你就會找到生命真正的寶藏。

10 佛法是一種體驗

對於我們來說，拿佛教來與基督教比較是沒有意義的。佛
教就是佛教，而佛法就是我們的修行。當我們抱持著一顆
清淨心來修行時，我們甚至沒有自覺到自己正在修行。

儘管這個國家有許多人對佛教感興趣，但只有為數不多的
人對佛教的清淨形式感興趣。大部分的人們感興趣的，是在
於研究佛教的教法或哲學。他們把教法或哲學拿來與別的宗
教比較，然後指出佛教在理性上更站得住腳。

但是，到底佛教在哲學上是不是更深刻、更上乘、更完
美，其實這些都無關宏旨，讓修行保持在清淨的形式才是我
們的目的。有時候我會覺得，不知道佛教實為何物卻大談佛
教的教法或哲學有多麼完美，這形同一種褻瀆。

禪修之前，先正本清源

在一個群體中，禪修對佛教來說是最重要的事，因為這種
修行是最本源的生活方式。不正本清源，就無法品味我們這
個人生努力的結果。我們的努力必須是有意義的，要知道我
們努力的意義何在，就必須找出我們努力的本源。在了解本

源之前，不應計較自己努力的成果。如果本源不清淨的話，我們的努力就不會是清淨的，而結果也就不會盡如人意。

但我們要是能歸復真實本性，並以此為基礎，努力不懈，我們就能一刻一刻、一日一日、一年一年地品味我們努力的成果，這是我們應該品味人生的方式。那些只是執著於努力的成果的人們，將沒有任何機會去品味，因為成果永遠不會到來。但如果你的努力是一剎那接著一剎那，從你的清淨本源流瀉出來，那麼你做的任何事情都會有益處，而你也會對你所做的任何事情感到滿意。

用清淨心打坐

禪修的目的是歸復清淨的生活方式，超越一切的得失心以及名利之心。我們修行的目的只是為了保持真實本性的本來面貌。我們不需要用知性去分析我們的清淨本性，因為本性超越知性的理解之外。我們也不需要去欣賞本性，因為它超越我們的欣賞之外。所以，只管打坐吧！抱持著最清淨的動機，靜默得一如我們的原初本性——這就是我們應有的修行方式。

在禪堂裡，我們不應該遐想些什麼，我們來這裡只是為了打坐。坐禪結束後，我們會互相分享一下，然後就回家去。但我們會把日常生活視為我們清淨修行的延續，並從中享受

到人生的樂趣。這看似平常，卻是很不平常的。

　　不管我去到哪裡，都會有人問我：「佛教是什麼？」他們把手上的筆記本打開，準備好要記下我的回答。我的感覺各位可想而知！但在這裡，我們只是坐禪。這是我們唯一要做的，而這種修行也帶給我們快樂。我們無需了解禪是什麼，我們已經在坐禪，所以無需從知性上知道禪是什麼。我想，這在美國社會是非常不尋常的。

禪宗是「宗教」出現之前的宗教？

　　在美國，有許多不同的生活模式以及宗教，因此，把不同宗教放在一起比較其異同，看來是再平常不過了。但對於我們來說，拿佛教來與基督教比較是沒有意義的。佛教就是佛教，而佛法就是我們的修行。當我們抱持著一顆清淨心來修行時，我們甚至沒有自覺到自己正在修行，所以我們不能拿我們的方式去與別的宗教比較。

　　有些人說禪宗不是宗教，也許是吧！也或者禪宗是「宗教」出現之前的宗教，所以禪宗並不是一般意義下的宗教。但是禪是很奇妙的，儘管我們沒有從知性上分析禪是什麼，儘管我們沒有任何大教堂或眩目的裝飾品，但禪卻讓我們可以品味自己的真實本性，我覺得這一點是很不尋常的。

11 眞正的佛教徒

事實上，我們全然不是曹洞宗，我們只是佛教徒，我們甚至不是佛教的禪者，而只是佛教徒。如果明白這一點，你就是真正的佛教徒。

行、立、坐、臥是佛教的四種基本活動或行為方式。但坐禪並不是這四種活動之一，而依道元禪師之見，曹洞宗也不是佛教的眾宗派之一。中國的曹洞宗也許是一個佛教宗派，但是道元禪師認為，他自己的修行方式不是一個宗派。

如果是這樣，那你也許會問：「為什麼我們要強調坐姿正確？」或者「為什麼學禪時應該要有個師父？」理由是，坐禪並不是佛教的四種基本活動之一，坐禪是一種包含無數活動的修行，坐禪甚至在佛陀之前就已經存在了，而且會永遠存在下去，所以，打坐的姿勢不應該與這四種活動混為一談。

禪修就是要讓我們不執著

人們一般都會強調某種坐禪的姿勢或某種對佛教的理解。他們會想：「這才是佛教！」但我們不能拿我們的修行方

式，去跟一般人理解的修行方式比較。我們的教法是不能與其他佛教教法相比的，所以我們需要一個不執著於任何特定的佛教教法的師父。

佛陀的原初教法中，包含了所有的佛教宗派。既然身為佛教徒，我們的努力也應該以佛陀為榜樣：不執著於任何特定的宗派或教義。但是通常，如果我們沒有一個師父，而我們對自己的了解又自以為是，就會昧於佛陀的原初教法，不知道那是兼容並蓄、有各式各樣的教法含藏在其中。

因為佛陀是這種教法的開創者，人們才會權宜性地把他的教法稱為「佛法」，但事實上佛法並非某種特定的教法。佛法只是真理本身，而這真理之中又包含著各種真理。坐禪是一種包含日常生活各種活動的修行，所以，事實上我們並不只是強調打坐的姿勢，如何坐禪，就是如何行動。我們透過坐禪來學習怎樣行動，因為坐禪乃是最基本的活動，這也是為什麼我們要學習坐禪。

儘管學習坐禪，但我們不應該自稱為「禪宗」。我們只是依佛陀的榜樣坐禪，佛陀教我們怎樣透過修行來行動，這是我們之所以坐禪的原因。

強調坐禪就不是真的坐禪

做任何事、活在每一剎那，都是佛的一個短暫活動。以這

種方式打坐，就是成為佛陀本身，成為歷史上的佛陀。同樣
道理也適用於任何我們所做的事情上。任何事情都是佛的活
動，因此，不管你做任何事或任何事都不做，佛自在其中。

因為不明白這一點，人們誤以為他們所做的事情是最重要
的，卻忘了實際上在做這些事情的是誰。人們以為他們在做
各種事情，實則一切都是佛的作為；我們每個人都有各自的
名字，但這些名字只是佛的不同的名字；我們每個人都會從
事許多不同的活動，但這些活動全都是佛的活動。

所有的姿勢都是在「坐禪」

因為不明白這一點，人們才會刻意去強調某種活動的重要
性。當他們強調坐禪的時候，那就不是真正的坐禪。他們看
起來是以佛陀的方式打坐，但實際上他們對禪的理解與我們
大異其趣。他們把坐禪理解為人的四種基本姿勢之一，心裡
想：「現在我要採取這種姿勢。」

實際上，所有的姿勢都是在「坐禪」，而每一種姿勢都是佛
陀的姿勢。這樣的理解，才是對坐禪姿勢的正確理解。如果
你以這種方式修行，那就是佛教的修行，這是非常、非常重
要的。

所以，道元禪師並不稱自己為曹洞宗的師父或弟子。他
說：

其他人也許會把我們稱為「曹洞宗」，但我們卻沒有理由如此自稱。你們甚至不應該用曹洞宗這個名字。

沒有一個宗派應該自視為一個分離的宗派。一個宗派只是佛教一個權宜性的形相。但因為其他的宗派不接受這種見解，繼續用各自的名稱稱呼自己，我們才不得不接受「曹洞宗」這個權宜性的稱呼。

就只是佛教徒

但我想把話說清楚，事實上，我們全然不是曹洞宗，我們只是佛教徒，我們甚至不是佛教的禪者，而只是佛教徒。如果明白這一點，你就是真正的佛教徒。

佛陀的教法無所不在。今天在下雨，這就是佛陀的教誨。人們認為他們自己的道路或宗教理解，就是佛陀的道路與理解，而不曉得他們所見、所做、所在之處，無一不是佛陀的道路。

宗教不是任何特定的教法，宗教無所不在。我們應該以這種方式來了解佛教教法，我們應該忘掉所有特定的教法，而不應該去問什麼是「善」、什麼是「惡」。不應該有任何特定的教法，教法存在於每一剎那，每一個存在，這是真正的教法。

12 心也需要休息

只有在坐禪時，你才會對心的這種空寂狀態有最清淨、最
真切的體驗。嚴格來說，心的空性甚至不是心的一種狀
態，而是心的原初本質，這是佛陀和六祖都體驗過的。

我們應該在沒有修行或開悟之處建立起修行的習慣，如果
我們是在有修行和開悟之處坐禪，就沒有機會讓自己獲得完
全的平靜。換句話說，我們必須堅定相信自己的真實本性。
我們的真實本性超出意識經驗之外，只有在意識經驗的範圍
內，才會有修行與開悟，以及善與惡之分。但不管我們能否
經驗到自己的本性，它都是超越意識地存在著，我們必須以
本性作為修行的基礎。

別把佛陀的話放在心上

哪怕心存善念也不是那麼的善。佛陀有時固然會說：「你
應該做這個，你不應該做那個。」但如果你把他的話留在心
裡，卻不見得太有益處。這些話會成為你的一種負擔，讓你
有種不自在的感覺。說起來，有時心存惡念還會讓人舒服一
點。不過，歸根究柢，善與惡都無關宏旨，你是不是能夠讓

自己平靜、讓自己不為善與惡所圍限，那才是重點。

有什麼東西梗在你的意識裡頭時，你就無法獲得真正的從容自若。想要獲得完全的從容自若，最好的方式是忘掉一切。這樣的話，你的心就會變得夠靜謐、寬廣而清明地以事物的本然面貌觀看它們，不費一絲力氣。獲得從容自若的最好方法就是，不保留任何事物的觀念，把它們統統忘掉，不留下任何思想的陰影或痕跡。

但如果你刻意停止心念或超出意識活動之外，那只會給自己帶來另一個負擔。「我應該在修行時停止心念，但我卻做不到，我的修行不夠好。」這樣的想法也是一種錯誤的修行方式，不要刻意停止心念，而是要讓一切如實呈現自身，那麼，雜念就不會在你的心裡久留，而你最後也會得到一顆清明且空蕩蕩的心。

保持一顆空心

因此，堅定相信你的心的本源空性，是修行中最要緊的事。佛經用大量的比喻來說明這個空的心，有時候我們會用天文數字來形容它，這意謂著我們不應該去計量它，如果它大得讓你無法計算，你就不會有興趣去計算它了。

但只有在坐禪時，你才會對心的這種空寂狀態有最清淨、最真切的體驗。嚴格來說，心的空性甚至不是心的一種狀

態，而是心的原初本質，這是佛陀和六祖都體驗過的。「本心」、「本來面目」、「佛性」，以及「空性」——所有這些語彙都是形容心的絕對寧靜。

各位知道怎樣才能帶給身體休息，卻不知道怎樣才能帶給心靈休息。哪怕是躺在床上，各位的心仍然異常忙碌，哪怕是睡著，各位的心仍忙於作夢。你們的心總是處於激烈活動之中，這不是好事，各位應該學學怎樣放下思考的心、忙碌的心。想要超越我們的思考機能，我們必須堅定相信心的空性。能夠堅定相信心的絕對寧靜，我們就能達到清淨的本源狀態。

哈！這只是虛妄

道元禪師說過：「當在虛妄中建立修行。」哪怕你認為自己身處虛妄，你的清淨心卻依然存在。在你的虛妄之中體現清淨心，這就是修行。只要在虛妄中體現清淨心，虛妄就會消失。當你能說出「這是虛妄」這樣的話時，虛妄就會無地自容，自己走開。所以，「當在虛妄中建立修行」，不因虛妄而有所罣礙，就是修行，而即使你自己沒有意識到，但這就是開悟。

反過來說，如果你刻意要把虛妄趕走，虛妄只會更加賴著不走，而你的心為了對付它們，也會愈來愈忙碌。所以，只

要對自己說：「哈！這只是虛妄。」不必被它困擾，而只是冷眼旁觀，你就會擁有你的真心、平靜心，一旦你開始要對付虛妄，就會被捲入虛妄之中。

因此，不管你是否獲得開悟，「只管打坐」就已足夠。如果你刻意追求開悟，就會給自己的心帶來很大的負擔。你的心將無法清明得足以如物之所如觀物。如果你真的是看到了事物的實相，那你就會看到它們應有的樣子。一方面，我們應該追求開悟，因為那是事情的應然，另一方面，我們是肉身性的存在，想要獲得開悟極端困難——這是事情在當下的實然。

但如果我們開始打坐，我們本性中的這兩面都會被喚起，而我們也會同時從應然與實然這兩面來看事情。因為我們目前做得不夠好，所以會想要做得更好，但是當我們到達超越心的境界，就會同時超越事情的應然和實然。在本心的空性中，它們都是同樣一回事，明白這一點，我們就會得到完全的從容自若。

佛法就在我們本心之中

宗教一般都是在意識的領域中發展自身：建立緊密的組織、蓋起漂亮的建築、創作出音樂、發展一套哲學等等，這些都是意識世界的宗教活動。但是，佛教強調的是非意識的

世界，發展佛教最好的一種方式是坐禪——只管打坐，與此同時，也要對我們的真實本性堅信不移。這個方式比看書或研究佛法的哲學要好得多。

當然，研究哲學也有其必要，它可以增強你的信念。佛法的哲學極具包容性，而且十分合乎邏輯，所以佛法不僅僅只是佛教的哲學，也是有關生命自身的哲學。佛教教法的目的是要指出生命是超越意識的，是存在於我們清淨的本心之中。

大家一起來打坐

所有的佛教修行都是為了鞏固這個真理，而不是為了宣傳佛教，不是為了讓佛教看起來神祕兮兮而吸引眾人。因此，在討論佛教時，我們應該使用最尋常、最普遍的方式，而不應透過玄奧的哲學思惟來推廣我們的禪道。

在某些方面，佛教是很好辯的，但這只是因為身為佛教徒，我們必須防止別人對佛教做出神祕、玄奧的解釋。但哲學討論並不是了解佛教的最佳方式，如果你想成為道地的佛教徒，最好的方法是打坐。我們能夠有一個場地聚在一起打坐，真是非常幸運的事。我希望各位對「只管打坐」的坐禪方法有堅定不搖的信念。只管打坐，這就夠了。

13 人人都可以是佛

在坐禪時，我們就會證得佛性，我們每一個人都是佛。

我很高興能在佛陀當年在菩提樹下悟道的這一天來到這裡。在菩提樹下開悟之後，佛陀說：「奇哉！奇哉！一切眾生悉有如來智慧德相，唯因妄執未證。」他的意思是，在坐禪時，我們就會證得佛性，我們每一個人都是佛。

不過，他所指的「修行」並不只是坐在菩提樹下，也不只是盤腿而坐。無疑地，盤腿的坐姿對我們來說很基本也很重要，但佛陀真正的意思是，不管是山峰、樹木、流水、花朵，一切無不是佛道。換句話說，萬物都以各自的方式，參與到佛的活動之中。

佛性使你活在當下

我們說萬物以各自的方式存在，並不是指萬物各自存在於自己的意識領域。我們所看到或聽到的，只是我們實際所是的一部分──或稱為「一個有限的觀念」。當我們只是我們自己時，就是以我們專屬的方式存在著的時候，也就是在呈現佛的自身。

換句話說，當我們坐禪或從事這類的事情，佛道或佛性就在其中。要是我們去問佛性是什麼，佛性就會消失，要是我們只管坐禪，就會充分了解佛性的意義。也就是說，了解佛性的唯一方法就只有坐禪，只有如我們本然那樣地存在著。因此，佛陀所說的佛性，就是如他的樣子活在當下，超出意識的領域之外。

佛性就是我們的真實本性，還沒坐禪之前，還沒在意識層面認識佛性之前，我們就已經擁有佛性了。在這個意義下，我們所從事的一切無不是佛的活動。如果你刻意去了解佛性，就不會了解佛性，如果你放棄了解佛性，則對佛性的真正理解就唾手可得。

坐禪之後，我一般都會講講話，但來這裡的人主要不是為了聽我講話，而是為了坐禪，我們應該謹記這一點。我講話的目的，是為了鼓勵各位以佛陀的方式坐禪，所以，雖然我們說你有佛性，但如果你對要不要坐禪有所猶豫，或不承認自己是佛，那麼你既不會了解佛性也不會了解坐禪。

但是，當你能夠以佛陀的方式坐禪，你就會了解我們的禪道。我們不會談太多道理，但是透過活動，我們卻可以彼此溝通。我們應該常常溝通——不論言語或非言語上的溝通。如果忽視這一點，我們就會失去佛教最重要的部分。

你就是佛！

不管身在何處，我們都不應該遺忘這種生活方式。這種方式稱為「成為佛」、「成為老闆」。不管去到哪裡，你都應該當周圍環境的主人。換句話說，你不應忘掉自己的方向，因為如果你始終以這種方式存在，你就是佛的本身。

沒有刻意成為佛的時候，你就會是佛，這就是我們尋求開悟的方法。要達到開悟，就是要始終與佛同在。把禪修生活一再地重複又重複，你就會獲得這種理解。要是你忘掉這一點，要是你因為自己的成就而得意或因為挫折而氣餒，你的修行就會受到一道厚牆的局限。

你不應該讓自己被一道自己建立起來的厚牆所局限，所以坐禪時間到了，你就應該去找師父坐禪，聽聽他講話，並且和他談談，然後回家去。所有這些程序都是坐禪的一部分，依此而行，不帶有任何得失心，你就始終是佛。這是真正的坐禪。這樣，你不多久就可明白佛陀開悟後第一句話的真義：「奇哉！一切眾生悉有如來智慧德相。」

後記　禪心

> 它就是禪心，一個很大、很大的心，這個心就是一切你看
> 得到的東西。你的真心總是與你看到的任何東西同在，儘
> 管你不自知，但你的心就在你每個當下所看到的東西。

在美國這裡，我們無法以日本人的方式界定學禪的佛教
徒。在美國，學禪的人都不是出家人，也不是全然的在家
人。我的理解是這樣的，你不是出家人的話，那麼問題不
大，你不是全然的在家人反而問題比較大。我想，你們想要
的是一些特殊的修行，既不同於純然出家人的修行，又不同
於純然在家人的修行。我想，那是我們禪者的「僧伽」，也是
我們的團體。

但我們得先了解，佛教最初尚未分支以前是用怎樣的修行
方式，而道元禪師所採用的又是怎樣的修行方式。道元禪師
說過：「有些人可以達到開悟而有些人達不到。」這很有意
思，哪怕這裡每個人都用同一種方法修行，但有些人可以達
到開悟而有些人達不到。

但這並不打緊，即使我們沒有開悟的體驗，但只要對修行
有正確的態度和了解，能以正確的方法打坐，這本身就是
禪。重點是要認真修行，要對大心有所了解，並且深具信
心。

你有一個很大、很大的心

我們談「大心」、「小心」、「佛心」，以及「禪心」，這些用語都有其意義，但它們的意義不應該以經驗的方式來理解。我們談到開悟的經驗，而這種經驗與一般意義的經驗不同，它不被善與惡、時間與空間、過去與未來這些範疇所圍限。開悟是一種超越二分法或感受的經驗或意識。

所以，我們不應該問：「什麼是開悟？」問這樣的問題，表示你不明白禪的經驗為何。開悟是無法用你一般思考的方式來詰問的，只有不把這種思考方式摻和進來，你才能了解禪的經驗是什麼。

我們必須相信大心，而大心不是一種你能以客體方式經驗的東西。大心總是與你同在，就在你左右。你的雙眼就在你的左右，因為你看不到你的眼睛，而眼睛也看不到它們自己。眼睛只會看到外面的東西，也就是客體性的東西。如果你反省自己，那被反省到的「我」就不再是你的真我，你不可能把自己投射成為某種客體的對象來加以思考。

總是在你左右的那個心不只是你的心，也是一個普遍心，無異於別人的心。它就是禪心，一個很大、很大的心，這個心就是一切你看得到的東西。你的真心總是與你看到的任何東西同在，儘管你不自知，但你的心就在你每個當下所看到的東西。所以，這個心不啻就是萬物。

看看自己的真心

　　真心就是一個觀看的心，你不能說：「這是我的自我，我的小心或者有限的心，那才是大心。」你這是畫地自限，是把自己的真心給窄化、客體化了。達摩說過：「想要看到魚，你必須觀看水。」事實上，當你觀看水的時候，就會看到真正的魚。要看到佛性以前，你就要去觀看你的心。觀看水，則真性自在其中，真實本性就是那被觀看的水。當你會說「我坐禪坐得很差」這樣的話時，表示佛性已在你之中，只是你沒察覺罷了，你刻意去忽視它。

　　你觀看自己的心時，「我」是具有極大的重要性的。但那個「我」不是「大我」，而是這個總是動個不停的我。這個我總是在水中游，也總是振翅飛過浩瀚天空的空氣。我所謂的「翅」是指思想與活動，浩瀚的天空就是家，是「我」的家，既沒有鳥兒也沒有空氣。當魚兒游泳時，魚兒與水都是魚兒，除魚兒之外，別無一物。

　　各位明白這個道理嗎？你不可能透過活體解剖而找到佛性，實相是無法用思考和感觸的心靈去捕捉的。每一剎那都專注於你的呼吸，專注於你的坐姿，這就是真實本性。除此之外，「禪」別無奧祕可言。

　　我們佛教徒不會有唯物或唯心的觀念，不會認為物只是心的產物，也不會以為心只是物質的一種屬性。我們常常在談

的身與心、心與物，其實都是一體的。但如果各位沒聽仔細，就會誤以為我們談的是「物質」或「精神」，但我們實際上指出來總是在這一邊，那就是「真心」，而所謂「開悟」，就是體認到這真心總是與我們同在，而那是看不見的。各位明白這道理嗎？

如果你以為開悟就如同看到天空中一顆燦爛的星星，那就大錯特錯了。那種像是看到美麗星星的開悟並不是真正的開悟，而是名副其實的外道。你也許不自覺，但你在坐禪時會看到美麗的星星，那是自我與對象的二分觀念在作祟。這樣的「開悟」擁有再多也只是枉然，那不是追求開悟的正途。

強調自由反而使你失去自由

禪宗以我們的真實本性為依歸，以我們的「真心」在修行時的表現和體現為依歸。禪不依賴特定的教法，也不會用教法來取代修行。我們修禪是為了表現真實本性，不是為了得到開悟。達摩的教法是「即參禪，即參悟」，起初，這或許只是一種信仰，但不久之後，學禪的人就會體驗到事情確實是如此。

身體的修行或規範並不容易理解，對美國人來說尤其如此。你們強調自由的觀念，而這個自由的觀念又以身體以及行動的自由為核心，但這種觀念導致你們精神受苦，並且喪

失了自由。你認為想要限制你的思想，你認為你的某些想法是不必要的，是痛苦的，或是受纏縛的，但你卻不想要去限制你的身體的活動。

禪門清規有其道理

正因如此，當初百丈懷海禪師①才會在中國建立起禪門清規和禪僧的生活方式，他希望透過這種方式，把真心的自由表達出來並且相傳下去。我們曹洞宗的禪道，就是以百丈禪師的清規為基礎，世世代代相傳下來。因此我認為，作為一個美國的禪修團體，我們也應該傚效百丈禪師的做法，訂出某些適合於美國的禪修生活方式。

這麼說不是在開玩笑，我可是很認真的——但我又不想太過認真，如果我們太過認真，就會喪失了禪的精神，但也不能太兒戲，否則一樣會喪失禪的精神。

我們應該要有耐性和恆心，一點一滴地找出怎樣的生活方式適合我們，怎樣才是我們與自己相處、與別人相處的最佳方式。這樣一來，我們就有自己的一套戒律。但建立規範時要小心謹慎，嚴寬適中，太嚴格的話會窒礙難行，太寬鬆的話又會了無作用。我們的規範應該嚴得足以讓人人都服從領導，但也必須是合乎人情、可以遵守的。

禪宗的傳統也是這樣建立起來的：在修行中，一點一滴地

摸索出來。規範之中不應有任何一點勉強，但規範一旦建立起來，就應該絕對遵守，直到規範有改變的必要為止。這與好或壞、方便或不方便無關，你只要不加質疑地遵守就行了。這樣的話，你的心就會獲得自由。

重點是要遵守規定，沒有例外的時候。於是，你就會了解何謂「清淨的禪心」。建立我們自己的修行生活方式意謂著：鼓勵人們去過一種更精神性、更足以稱為人類的生活方式。我相信有朝一日，美國人一定會有其專屬的禪修生活方式。

唯有修行能讓你體驗清淨本心

唯一可以體驗清淨心的方法是修行。我們最內在的本性希望有一些中介、一些方法，讓本性可以表現和體現自己。我們透過建立清規來回應這種最內在的需求——歷代祖師們都曾透過清規，向我們顯示出他們的真實本性。以這種方法，我們就會對修行有精確、深入的理解。我們對於自身的修行必須有更多體驗，我們必須至少有一些開悟的體驗。

你必須對那個總是與你同在的「大心」深信不疑，你應該要把萬物視為是大心的表現，來加以欣賞。這不只是一種信仰，而是一種你不能否認的終極真理。不管修行是難是易，不管理解是難是易，你都非修行不可。是僧是俗並不是重點，透過修行歸復你的真實存在，歸復那個總是與萬物同

一、與佛同一的你，這才是重點。

這個「你」是由萬物所充分支撐的，現在就起而行吧！各位也許會說那不可能做到，但那是可能的！哪怕一瞬間就可以做到！就是這一瞬間！如果你在這一瞬間可以做到，就表示你任何時候都可以做到。如果你有這樣的信心，那就是你的開悟體驗。要是各位對自己的大心懷有強烈信心，那麼，即使你還沒有達到開悟，你也已經是個貨真價實的佛教徒。

大心總是與我們同在

這就是為什麼道元禪師會說：「不要指望所有坐禪的人都可以證悟到這顆與我們總是同在的心。」他的意思是說，如果你認為大心是在你之外的，是在於你的修行之外的，那是錯的，大心總是與我們同在。我老是把這個道理一說再說，就是怕你們不明白。

「禪」並不是只為那些懂得盤腿打坐和有極大慧根的人而設立的，人人皆有佛性，我們每個人都必須找出某種方式體現自身的佛性。修行正是為了直接體驗人人皆有的佛性，你做的任何事情都應該是對佛性的直接體驗。佛性就是指「覺知佛性」。你的努力應該擴及到拯救世間所有的眾生。

如果我的話還不夠點醒你們，我就會用棒喝的！那你們就會明白我是什麼意思。如果各位現在還不明白，也總會有明

白的一天。有朝一日，總會有人明白。聽說有個島從洛杉磯的海岸慢慢漂向西雅圖，我會等著它的。

我感覺美國人（尤其是年輕一代），是極有可能找出人類生活的正道的。各位都相當能抵抗物質的誘惑，並帶著一顆非常清淨的心——也就是初心，來展開修行。各位都有潛力，能依佛陀的本意來了解他的教法。但我們不能執著於美國人的身分，不能執著於佛教，甚至不能執著於修行。

我們必須抱著初學者的心，放開一切執著，了解萬物莫不處於生滅流轉之中。除刹那生滅的顯現於目前的色相以外，別無一物存在，一物會流轉為另一物，讓人無法抓住。雨停之前，我們就可以聽得到鳥鳴聲。哪怕是下著大雪，我們一樣可以看到雪花蓮和一些新長出的植物。在東方，我們會看得見大黃莖。在日本，我們春天就吃得到黃瓜。

注釋：

①百丈懷海禪師 (720～814)：馬祖道一禪師著名弟子，世稱「百丈禪師」。行「一日不作，不日不食」，立「百丈清規」，使禪宗於唐武宗的滅佛運動中度過難關。禪風樸實，禪門五家的潙仰宗和臨濟宗便出自其門下的潙山靈祐與黃檗希運。

JB0030	正念之道	向智長老◎著	280 元
JB0031	師父──與阿姜查共處的歲月	保羅・布里特◎著	260 元
JB0032	統御你的世界	薩姜・米龐仁波切◎著	240 元
JB0033	親近釋迦牟尼佛	髻智比丘◎著	430 元
JB0034	藏傳佛教的第一堂課	卡盧仁波切◎著	300 元
JB0035	拙火之樂	圖敦・耶喜喇嘛◎著	280 元
JB0036	心與科學的交會	亞瑟・札炯克◎著	330 元
JB0037	你可以，愛	一行禪師◎著	220 元
JB0038	專注力	B・艾倫・華勒士◎著	250 元
JB0039	輪迴的故事	慈誠羅珠堪布◎著	270 元
JB0040	成佛的藍圖	堪千創古仁波切◎著	270 元
JB0041	事情並非總是如此	鈴木俊隆禪師◎著	240 元
JB0042	祈禱的力量	一行禪師◎著	250 元
JB0043	培養慈悲心	圖丹・卻准◎著	320 元
JB0044	當光亮照破黑暗	達賴喇嘛◎著	300 元
JB0045	覺照在當下	優婆夷 紀・那那蓉◎著	300 元
JB0046	大手印暨觀音儀軌修法	卡盧仁波切◎著	340 元
JB0047X	蔣貢康楚閉關手冊	蔣貢康楚羅卓泰耶◎著	260 元
JB0048	開始學習禪修	凱薩琳・麥唐諾◎著	300 元
JB0049	我可以這樣改變人生	堪布慈囊仁波切◎著	250 元
JB0050	不生氣的生活	W. 伐札梅諦◎著	250 元
JB0051	智慧明光：《心經》	堪布慈囊仁波切◎著	250 元
JB0052	一心走路	一行禪師◎著	280 元
JB0054	觀世音菩薩妙明教示	堪布慈囊仁波切◎著	350 元
JB0055	世界心精華寶	貝瑪仁增仁波切◎著	280 元
JB0056	到達心靈的彼岸	堪千・阿貝仁波切◎著	220 元
JB0057	慈心禪	慈濟瓦法師◎著	230 元
JB0058	慈悲與智見	達賴喇嘛◎著	320 元
JB0059	親愛的喇嘛梭巴	喇嘛梭巴仁波切◎著	320 元
JB0060	轉心	蔣康祖古仁波切◎著	260 元
JB0061	遇見上師之後	詹杜固仁波切◎著	320 元
JB0062	白話《菩提道次第廣論》	宗喀巴大師◎著	500 元

JB0096	楞嚴貫心	果煜法師◎著	380 元
JB0097	心安了，路就開了： 讓《佛說四十二章經》成為你人生的指引	釋悟因◎著	320 元
JB0098	修行不入迷宮	札丘傑仁波切◎著	320 元
JB0099	看自己的心，比看電影精彩	圖敦·耶喜喇嘛◎著	280 元
JB0100	自性光明——法界寶庫論	大遍智 龍欽巴尊者◎著	450 元
JB0101	穿透《心經》：原來，你以為的只是假象	柳道成法師◎著	380 元
JB0102	直顯心之奧秘：大圓滿無二性的殊勝口訣	祖古貝瑪·里沙仁波切◎著	500 元
JB0103	一行禪師講《金剛經》	一行禪師◎著	320 元
JB0104	金錢與權力能帶給你什麼？ 一行禪師談生命真正的快樂	一行禪師◎著	300 元
JB0107	覺悟者的臨終贈言：《定日百法》	帕當巴桑傑大師◎著 堪布慈囊仁波切◎講述	300 元

橡樹林文化 ❖❖ 成就者傳紀系列 ❖❖ 書目

JS0001	惹瓊巴傳	堪千創古仁波切◎著	260 元
JS0002	曼達拉娃佛母傳	喇嘛卻南、桑傑·康卓◎英譯	350 元
JS0003	伊喜·措嘉佛母傳	嘉華·蔣秋、南開·寧波◎伏藏書錄	400 元
JS0004	無畏金剛智光：怙主敦珠仁波切的生平與傳奇	堪布才旺·董嘉仁波切◎著	400 元
JS0005	珍稀寶庫——薩迦總巴創派宗師貢嘎南嘉傳	嘉敦·強秋旺嘉◎著	350 元
JS0006	帝洛巴傳	堪千創古仁波切◎著	260 元
JS0007	南懷瑾的最後 100 天	王國平◎著	380 元
JS0008	偉大的不丹傳奇·五大伏藏王之一 貝瑪林巴之生平與伏藏教法	貝瑪林巴◎取藏	450 元

橡樹林文化 ❖❖ 圖解佛學系列 ❖❖ 書目

JL0001	圖解西藏生死書	張宏實◎著	420 元
JL0002	圖解佛教八識	洪朝吉◎著	260 元

JP0094	走過倉央嘉措的傳奇：尋訪六世達賴喇嘛的童年和晚年，解開情詩活佛的生死之謎	邱常梵◎著	450 元
JP0095	【當和尚遇到鑽石4】愛的業力法則：西藏的古老智慧，讓愛情心想事成	麥可‧羅區格西◎著	450 元
JP0096	媽媽的公主病：活在母親陰影中的女兒，如何走出自我？	凱莉爾‧麥克布萊德博士◎著	380 元
JP0097	法國清新舒壓著色畫 50：璀璨伊斯蘭	伊莎貝爾‧熱志－梅納＆紀絲蘭‧史朵哈＆克萊兒‧摩荷爾－法帝歐◎著	350 元
JP0098	最美好的都在此刻：53 個創意、幽默、找回微笑生活的正念練習	珍‧邱禪‧貝斯醫生◎著	350 元
JP0099	愛，從呼吸開始吧！回到當下、讓心輕安的禪修之道	釋果峻◎著	300 元
JP0100	能量曼陀羅：彩繪內在寧靜小宇宙	保羅‧霍伊斯坦、狄蒂‧羅恩◎著	380 元
JP0101	爸媽何必太正經！幽默溝通，讓孩子正向、積極、有力量	南琦◎著	300 元
JP0102	舍利子，是什麼？	洪宏◎著	320 元
JP0103	我隨上師轉山：蓮師聖地溯源朝聖	邱常梵◎著	460 元
JP0104	光之手：人體能量場療癒全書	芭芭拉‧安‧布藍能◎著	899 元
JP0105	在悲傷中還有光：失去珍愛的人事物，找回重新連結的希望	尾角光美◎著	300 元
JP0106	法國清新舒壓著色畫 45：海底嘉年華	小姐們◎著	360 元

橡樹林文化 ❖❖ 蓮師文集系列 ❖❖ 書目

JA0001	空行法教	伊喜‧措嘉佛母輯錄付藏	260 元
JA0002	蓮師傳	伊喜‧措嘉記錄撰寫	380 元
JA0003	蓮師心要建言	艾瑞克‧貝瑪‧昆桑◎藏譯英	350 元
JA0004	白蓮花	蔣貢米龐仁波切◎著	260 元
JA0005	松嶺寶藏	蓮花生大士◎著	330 元
JA0006	自然解脫	蓮花生大士◎著	400 元

ZEN MIND, BEGINNER'S MIND
by Shunryu Suzuki
Protected under terms of the International Copyright Union
Published by arrangement with Shambhala Publications, Inc.
4720 Walnut Street #106 Boulder, CO 80301, USA,
www.shambhala.com
through Bardon-Chinese Media Agency
Complex Chinese translation copyright © 2015,2021
by Oak Tree Publishing Publications, a division of Cite Publishing Ltd.
ALL RIGHTS RESERVED
本書曾於 2004 年以《禪者的初心》書名發行

善知識系列　JB0019Y

禪者的初心 Zen Mind, Beginner's Mind

作　　　　者／鈴木俊隆（Shunryu Suzuki）
譯　　　　者／梁永安
編　　　　輯／陳芊卉
封 面 設 計／耳東惠設計
內 文 排 版／舞陽美術 吳家俊、歐陽碧智
業　　　　務／顏宏紋
印　　　　刷／中原造像股份有限公司

發　行　人／何飛鵬
事業群總經理／謝至平
總　編　輯／張嘉芳
出　　　版／橡樹林文化
　　　　　　城邦文化事業股份有限公司
　　　　　　台北市南港區昆陽街 16 號 4 樓
　　　　　　電話：(02)2500-0888　傳眞：(02)2500-1951
發　　　行／英屬蓋曼群島商家庭傳媒股份有限公司城邦分公司
　　　　　　台北市南港區昆陽街 16 號 8 樓
　　　　　　客服服務專線：(02)25007718；25001991
　　　　　　24 小時傳眞專線：(02)25001990；25001991
　　　　　　服務時間：週一至週五上午 09:30 ～ 12:00；下午 13:30 ～ 17:00
　　　　　　劃撥帳號：19863813　戶名：書虫股份有限公司
　　　　　　讀者服務信箱：service@readingclub.com.tw
香港發行所／城邦（香港）出版集團有限公司
　　　　　　香港九龍土瓜灣土瓜灣道 86 號順聯工業大廈 6 樓 A 室
　　　　　　電話：(852)25086231　傳眞：(852)25789337
馬新發行所／城邦（馬新）出版集團【Cité (M) Sdn.Bhd. (458372 U)】
　　　　　　41, Jalan Radin Anum, Bandar Baru Sri Petaling,
　　　　　　57000 Kuala Lumpur, Malaysia.
　　　　　　電話：(603) 90563833　傳眞：(603) 90576622
　　　　　　Email：services@cite.my

三版三刷／2024 年 4 月
ISBN ／ 986-7884-27-2
定價／ 300 元

城邦讀書花園
www.cite.com.tw

國家圖書館出版品預行編目（CIP）資料

禪者的初心 / 鈴木俊隆著；梁永安譯 . – 初版 .
　-- 臺北市：橡樹林文化出版：城邦文化發行，
　2004〔民 93〕
　　面；　公分 . --（善知識系列：JB0019Y）
　譯目：Zen Mind, Beginner's Mind
　　ISBN 986-7884-27-2（平裝）

　1. 佛教一修持

225.791　　　　　　　　　　　　　93012505

115 台北市南港區昆陽街 16 號 4 樓

城邦文化事業股份有限公司

橡樹林出版事業部　收

請沿虛線剪下對折裝訂寄回，謝謝！

橡 樹 林

書名：禪者的初心　書號：JB0019Y

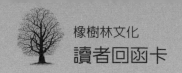

橡樹林文化
讀者回函卡

感謝您對橡樹林出版社之支持，請將您的建議提供給我們參考與改進；請別忘了給我們一些鼓勵，我們會更加努力，出版好書與您結緣。

姓名：＿＿＿＿＿＿＿＿＿＿＿＿　□女　□男　生日：西元＿＿＿＿＿年

Email：＿＿＿＿＿＿＿＿＿＿＿＿＿＿＿＿＿＿＿＿＿＿＿＿＿

● 您從何處知道此書？

□書店　□書訊　□書評　□報紙　□廣播　□網路　□廣告 DM　□親友介紹

□橡樹林電子報　□其他＿＿＿＿＿＿＿＿

● 您以何種方式購買本書？

□誠品書店　□誠品網路書店　□金石堂書店　□金石堂網路書店

□博客來網路書店　□其他＿＿＿＿＿＿＿＿

● 您希望我們未來出版哪一種主題的書？（可複選）

□佛法生活應用　□教理　□實修法門介紹　□大師開示　□大師傳記

□佛教圖解百科　□其他＿＿＿＿＿＿＿＿

● 您對本書的建議：

＿＿＿＿＿＿＿＿＿＿＿＿＿＿＿＿＿＿＿＿＿＿＿＿＿＿＿

＿＿＿＿＿＿＿＿＿＿＿＿＿＿＿＿＿＿＿＿＿＿＿＿＿＿＿

＿＿＿＿＿＿＿＿＿＿＿＿＿＿＿＿＿＿＿＿＿＿＿＿＿＿＿

＿＿＿＿＿＿＿＿＿＿＿＿＿＿＿＿＿＿＿＿＿＿＿＿＿＿＿

＿＿＿＿＿＿＿＿＿＿＿＿＿＿＿＿＿＿＿＿＿＿＿＿＿＿＿